beck'sche reihe

bsr

Lukas Thommen legt mit diesem Band eine gleichermaßen informative, anschauliche und gut lesbare Einführung in die Geschichte der antiken Umwelt vor. Er geht darin zunächst auf die Grundlagen ein, die in der griechisch-römischen Antike das Verhältnis zwischen Mensch und Natur bestimmten. Er erhellt, welche wechselseitigen Wirkungszusammenhänge zwischen Mensch und Umwelt in der Zeit vom frühen Griechenland (9./8. Jh. v. Chr.) bis in die Spätantike (4./5. Jh. n. Chr.) bestanden, und beschreibt das antike Verständnis von Natur: darunter sowohl die mythische Deutung als auch die naturwissenschaftliche Sicht der vier Elemente Wasser, Erde, Feuer und Luft, sodann den klimatischen Determinismus – dem zufolge die körperliche Verfassung der Menschen und gar ihr politisches System vom Klima beeinflusst würden – und darüber hinaus den Umgang des Menschen mit Tieren und Pflanzen. Andererseits betrachtet er eingehend konkrete Aspekte der Beziehung zwischen Mensch und Umwelt. Dazu gehören verschiedene menschliche Eingriffe in die Natur, beispielsweise in Form von Landwirtschaft und Nahrungsbeschaffung, Bewaldung und Holzbau, Naturzerstörung im Krieg, Gartenbau, Wasserbau, Bergbau und Probleme der Großstadt. Schließlich widmet er sich Veränderungen in der Natur und versucht, ihre Bedeutung für die antike Gesellschaft zu erfassen: die Verschiebung von Küstenlinien und die Verlandung von Flussmündungen, Extremereignisse wie Feuersbrünste, Erdbeben, Vulkanausbrüche und Überschwemmungen.

Lukas Thommen lehrt als Professor für Alte Geschichte an den Universitäten Basel und Zürich. Die Verfassungs- und Sozialgeschichte des archaischen und klassischen Griechenlands sowie der Römischen Republik, die Körpergeschichte, das Partherreich und die Umweltgeschichte bilden Schwerpunkte seiner Forschung.

Lukas Thommen

Umweltgeschichte der Antike

Verlag C. H. Beck

Mit 23 Abbildungen im Text

Originalausgabe

Gesamtherstellung: Druckerei C.H. Beck, Nördlingen
Umschlaggestaltung: malsyteufel, Willich
Umschlagillustration: Nilszene aus der Casa del Fauno, Pompeji, Mosaik, 1. Jh. v. Chr., Bridgeman Art Library
Printed in Germany
ISBN 978 3 406 59197 6

www.beck.de

Inhaltsverzeichnis

ROM

Vorwort

Meine Beschäftigung mit der Umweltgeschichte geht auf eine langjährige Beteiligung am interfakultären Studiengang und Lehrprogramm «Mensch–Gesellschaft–Umwelt» (MGU) zurück, das sechs Jahre nach dem Brand am Chemiestandort Schweizerhalle (1986) in der Universität Basel seinen Betrieb aufgenommen hatte. In diesem Rahmen bildete sich bald eine interdisziplinäre Gruppe von Wissenschaftlern und Dozierenden heraus, die an historischen Fragen der Umweltforschung interessiert war. Nach verschiedenen, vom Archäozoologen Jörg Schibler gemeinsam mit Stefanie Jacomet organisierten Lehrveranstaltungen zu Themen aus dem Bereich von Wasser, Boden/Landwirtschaft, Klima/Luft, Feuer/Wärme/Energie und Ernährung (1994–1999) folgten ab 2000 unter meiner Leitung weitere epochenübergreifende Veranstaltungen zum Thema Reisen, Katastrophen, Tiere, Gärten und Abfall, die im Wintersemester 2004/5 von einer Ringvorlesung «Einführung in die Umweltgeschichte: Siedlung und Umland» abgeschlossen wurden (unter Beteiligung von Heide Hüster-Plogmann, Katharina Simon-Muscheid und Justin Winkler). Seit 2005 ist MGU nicht nur vollständig in die Universität überführt, sondern bietet einen eigenen Masterstudiengang in «Sustainable Development» an. Das vorliegende Buch basiert wesentlich auf Materialien der vorangegangenen Unterrichtstätigkeit und versucht, Grundlagen für die historische Umweltforschung im Bereich der Antike zu vermitteln und damit auch als Ausgangspunkt für die weitere Beschäftigung mit dem Thema zu dienen.

Für eine kritische Durchsicht des Manuskripts danke ich Maurus Immoos und Anne Kolb (Universität Zürich), für die Beschaffung zahlloser Bücher Seraina Ruprecht und Simone Zurbriggen (Universität Basel), für die engagierte redaktionelle Betreuung Stefan von der Lahr (Verlag C. H. Beck, München).

Basel/Zürich, Januar 2009 *Lukas Thommen*

Einleitung

Angesichts der Umweltprobleme unserer eigenen Zeit stellt sich die Frage nach den Wurzeln und Bedingungen ökologischer Krisen in früheren Epochen. Dieser Horizont führt weit über die Umweltgeschichte der letzten 50 Jahre hinaus und bezieht langfristige Entwicklungen der Menschheitsgeschichte seit frühesten Zeiten mit ein. Zu berücksichtigen sind dabei die verschiedensten wissenschaftlichen Disziplinen: seien es die Prähistorie, Historie, Geographie, Geologie, Anthropologie, Medizin, Biologie oder Ethnologie etc. Dieses Spektrum deutet bereits an, dass für die Umweltgeschichte die Arbeit einer einzelnen Disziplin ungenügend bzw. zu einseitig ist und durch die Ergebnisse anderer Fachrichtungen ergänzt und idealerweise mit diesen verknüpft wird. Die althistorische Disziplin setzt sich fachspezifisch hauptsächlich mit literarischen Quellen vom archaischen Griechenland bis in die Spätantike auseinander. Sie ist daher primär mit antiken Wahrnehmungen, Beschreibungen und Deutungen konfrontiert, welche die Gefahr einer eindimensionalen Betrachtungsweise mit sich bringen. Um zu einer adäquateren Rekonstruktion antiker Umweltverhältnisse zu gelangen, soll daher in diesem Band versucht werden, zumindest ansatzweise Forschungen anderer Disziplinen einzubeziehen, auch wenn damit noch kein umfassender interdisziplinärer Ansatz eingelöst werden kann.

Das Studium der Antike kann primär nur darauf zielen, die Eigenheiten des menschlichen Verhaltens in den damals spezifischen Verhältnissen zu untersuchen. Ein Messen antiker Umweltauffassungen bzw. antiken Umweltverhaltens an modernen Maßstäben erweist sich von vornherein als problematisch. Wenig hilfreich sind in diesem Zusammenhang pauschale Vorurteile, die entweder die «heile Welt» der Antike mit einer Einheit von Mensch und Natur in den Vordergrund stellen oder umgekehrt betonen, dass schon die Griechen und Römer der Natur faktisch wenig Respekt zollten. Zahl und Tragweite der Eingriffe bewegen sich meist in gänzlich anderen Dimensionen als heute und basieren auf andersartigen technischen und gesellschaftlichen Grundlagen. Die Rekonstruktion der antiken Verhältnisse kann daher nur indirekt dazu beitragen, das Blickfeld für die Analyse unserer eigenen Zeit zu erweitern.

Als augenfälligste Eingriffe der Griechen in die Natur begegnen zunächst die Waldrodungen und der Bergbau sowie die im Krieg wiederholt angewandte Taktik, das Kulturland des Gegners zu verwüsten und ihn damit zumindest vorübergehend seiner Lebensgrundlagen zu berauben. Zwar setzte sich bald die Erkenntnis durch, dass Rodungen zu Erosion des Bodens und damit zu schnellem Verlust von Acker- und Weideland führten, doch resultierte daraus offenbar keine grundsätzliche Kritik an den Abholzungen. Die Rodungen wurden in erster Linie – wie später auch bei den Römern – als zivilisatorischer Fortschritt aufgefasst. Andererseits dürften sich die Schäden am Kulturland in Dimensionen bewegt haben, die weder zu unmittelbaren Mangelsituationen führten noch die Endlichkeit der Ressourcen umfassend verdeutlichten. Die Griechen und Römer verfügten freilich noch nicht über die technischen Mittel, um globale Schäden der Umwelt zu verursachen. Daher ergab sich für sie auch nie grundsätzlich die Notwendigkeit eines «Umdenkens» in ihrem Verhalten gegenüber der Natur.

Einen grundlegenden Eingriff in die Landschaft bildeten des Weiteren die zahlreichen Stadtgründungen, welche im 1. Jahrtausend v. Chr. in den Ländern rund ums Mittelmeer einsetzten. Schon in archaischer Zeit (8. Jh. v. Chr.–500 v. Chr.) wurden bedeutende Mengen von Stein, Holz und Metall für öffentliche und private Bauten benötigt. Die Tempel, Theater, Säulenhallen und Gymnasien (Anlagen zur sportlichen und musischen Ausbildung) der klassischen Zeit (500–336 v. Chr.) erforderten noch mehr Materialien und brachten entsprechenden Raubbau – aber auch verschiedene Formen der Wiederverwendung bzw. des Recyclings – mit sich. Spätestens angesichts der Prunksucht hellenistischer Herrscherhöfe wird deutlich, dass im antiken Griechenland mit natürlichen Rohstoffen in der Tat nicht immer pietätvoll umgegangen worden ist und Eingriffe in die Natur nicht ausschließlich zur Befriedigung elementarer Grundbedürfnisse vorgenommen wurden. Darin können durchaus Widersprüche zu der religiösen Grundhaltung der Griechen gesehen werden, die die «Mutter Erde» in Form der Göttin Demeter verehrten und auch stets den Reiz anmutiger Haine, Buchten und Flusslandschaften zu schätzen wussten.

Die Römer wussten das Spektrum der Natureingriffe sowohl auf dem Land als auch in den Städten noch zu erweitern und auf große Teile Europas auch nördlich der Alpen auszuweiten. Rom war schon vor der Kaiserzeit mit den Problemen einer Großstadt konfrontiert, wie wir sie auch in moderner Zeit kennen. Verstopfte Straßen, Verkehrslärm, Gestank von Abfällen sowie Rauchschwaden von Holzkohleheizungen und Thermen beeinträchtigten insbesondere die Wohnquartiere der unteren Bevölkerungsschichten. Blutrünstige Tierkämpfe kosteten Heerscharen von exotischen Tieren das Leben und bedrohten in einigen Gegenden verschiedene Arten – etwa das Nilpferd in Unterägypten – mit dem Aussterben. Vereinzelt wurde zwar deutliche Kritik an naturzerstörerischen Unternehmungen wie dem ausbeuterischen Bergbau oder der beliebten Verbauung von Fluss- und Seeufern mit Villen geäußert. Die Kritik zielte jedoch weniger auf die Schäden an der Natur als auf die materiellen Begierden und die Prunksucht, wie sie der Oberschicht angekreidet wurden.

Die antike Sorglosigkeit im Umgang mit der Natur und ihren Rohstoffen ist freilich nicht ohne Folgen geblieben. Die Auswirkungen der antiken Nutzung von Natur und Landschaft waren in vielen Gegenden beträchtlich. Sowohl das südliche wie auch das nördliche Europa, das neu in den antiken Kulturkreis einbezogen wurde, veränderten sich. Dennoch erweist sich aber die landläufige Meinung, dass die weit verbreitete Verkarstung in verschiedenen Gegenden des Mittelmeeres auf die antike Abholzung einstiger Wälder zurückzuführen sei, als falsch. Hier zeigt sich, dass bei der Interpretation antiker Eingriffe in die Natur Vorsicht geboten ist. In manchen Gegenden haben erst spätere natürliche oder menschliche Veränderungen, seien es der Bau der venetianischen Flotte oder Rodungen des 19. Jh., zum heutigen kahlen Erscheinungsbild der Landschaft beigetragen.

Die Auseinandersetzung mit Mensch und Umwelt in der Antike operiert notwendig mit einer modernen Begrifflichkeit für Umweltphänomene, die zeitgebunden ist, so dass deren Herkunft und Bedeutung zunächst geklärt werden müssen. Dies betrifft im Weiteren auch die «Umweltgeschichte» selbst, deren Inhalt und Ansätze wissenschaftsgeschichtlich eingeordnet werden sollen und deren Relevanz bzw. Anwendbarkeit für die Antike zu überprüfen sind. In diesem Zusammenhang ist auf die Forschungen sowohl zur modernen als auch zur antiken Umweltgeschichte Bezug zu nehmen und das Themenfeld dieser Studie abzustecken.

Begriffe

Umwelt ist «die den Menschen umgebende Welt» – «die Gesamtheit aller Phänomene, die die Lebenssituation einer menschlichen Gemeinschaft beeinflussen.»[1] Demzufolge handelt es sich um einen anthropozentrischen Begriff, bei dem die Natur durch ihr Verhältnis zum Menschen definiert wird. Im Sprachgebrauch ist seit den 1970er Jahren eine inflationäre Verwendung des Terminus festzustellen, so dass «Umwelt» zur «Leerformel» verkommen ist.[2]

Bezeugt ist das Wort Umwelt seit 1800; es tritt zunächst als poetische Wortschöpfung auf – eine Lehnübersetzung von dänisch «omverden», umgebendes Land, umgebende Welt: «In der 2. Hälfte des 19. Jh.s wurde ‹Umwelt› als Ersatzwort für frz. Milieu gebräuchlich.»[3] 1866 sprach der Naturwissenschaftler Ernst Haeckel von der Umwelt als «umgebender Aussenwelt» und definierte das Konzept der **Ökologie** als «die gesammte Wissenschaft von den Beziehungen des Organismus zur umgebenden Aussenwelt, wohin wir im weiteren Sinne alle ‹Existenz-Bedingungen› rechnen können.»[4] Er betrachtete Ökologie als komplette Wissenschaft, welche alle Faktoren um einen Organismus einbezieht und diesen selbst als Teil des umgebenden Systems interpretiert. Im biologischen Sinne wurde Umwelt zuerst 1909 von dem deutschen Biologen Jacob von Uexküll verwendet: als Umgebung eines Lebewesens, die auf das Lebewesen einwirkt und seine Lebensbedingungen beeinflusst.[5]

Der Begriff der Ökologie ist zwar vom Griechischen hergeleitet, existierte aber in der Antike bezeichnenderweise noch nicht. *Oikos* ist das Haus und der Haushalt, unter *oikonomía*/Ökonomie verstand man die Lehre und Gesetzmäßigkeiten von der Haushaltführung, aus der die moderne Wirtschaftswissenschaft abgeleitet wurde. Die Wortkombination *oikología* verbindet *oikos* mit *lógos*, Rationalität, Verstand. Der moderne Begriff der Ökologie bezeichnet «die Lehre von den wechselseitigen Wirkungszusammenhängen zwischen Mensch und Umwelt mit ihren physischen, sozialen, kulturellen, wirtschaftlichen und politischen Aspekten».[6] Dieses breite Spektrum ist idealerweise auch auf die Antike anwendbar. Die Antike selbst hatte dazu nur bescheidene Ansätze: Der Philosoph Theophrast (ca. 370–287 v. Chr.) legte etwa fest, in welchen klimatischen Zonen bestimmte Pflanzen «heimisch» waren, und diagnostizierte bei einigen Eingriffen in die Natur klimatische Veränderungen (caus.plant. 5,14,2 f.).

Aufgrund der Erkenntnisse der modernen Ökologie entwickelte sich die Forderung nach «**Nachhaltigkeit**» bzw. «Nachhaltigem Handeln» (engl. sustainability = Aufrechterhaltbarkeit). Um diese zu gewährleisten, dürfen nur so viele Energieträger und Rohstoffe verbraucht werden, wie durch natürliche Prozesse in der gleichen Periode neu gebildet werden. Ferner darf nur diejenige Menge an Schadstoffen an die Umwelt abgegeben werden, die diese im gleichen Zeitraum verkraften kann. Die Forderung, die Rohstoffgewinnung auf nachwachsende Produkte der Erdoberfläche zu beschränken, hatte schon Plinius d. Ae. im 1. Jh. n. Chr. erhoben, dabei allerdings mehr moralische als naturschützerische Appelle formuliert (nat. 33,1 ff.).

Stark in die Diskussion geraten ist in letzter Zeit der Begriff der **Katastrophe**, der sich seit dem späten 19. Jh. im Zusammenhang mit «Extremereignissen» der Natur eingebürgert hat.[7] Katastrophe bedeutete im Griechischen und Lateinischen Umkehr, (unerwartete) Wende, wurde aber nicht explizit auf die Natur bezogen. In moderner Zeit bezeichnet Katastrophe ein schweres Unglück, «ein in der Regel plötzlich und unerwartet eintretendes Ereignis, das Schäden grossen Ausmasses verursacht und Hilfe von aussen erfordert.»[8] Problematisch bleiben dabei sowohl die Vorhersehbarkeit als auch die (subjektiven und objektiven) Auswirkungen auf Mensch und/oder Umwelt sowie die Bewältigung des Unglücks. In der angelsächsischen Literatur haben sich daher die Begriffe «hazard» (Gefahr) für drohendes Unheil aus der Natur und «disaster» (Unglück) für Naturereignisse, die erst aufgrund der Verletzlichkeit («vulnerability») der Gesellschaft zur Katastrophe werden, eingebürgert; A. Oliver-Smith spricht von «failures of human systems».[9]

In der modernen Katastrophenforschung wird also auf natürliche und soziale Gegebenheiten im Vorfeld von Extremereignissen eingegangen, es werden aber auch der eigentliche Verlauf und die Folgen nach bestimmten Rastern analysiert. Dabei werden eine Phase der Vorsorge/Prävention und eine Phase der Bewältigung mit akuten Rettungsmaßnahmen, humanitärer Hilfe und Wiederaufbau unterschieden.[10] Diese Kriterien sind mit Gewinn auch auf die Antike anwendbar.

Moderne Umweltgeschichte

Umweltgeschichte untersucht die «Wechselbeziehungen zwischen Menschen und dem Rest der Natur in der Vergangenheit», also die «Umweltbedingungen in der Vergangenheit» und die damalige «Wahrnehmung und Interpretation».[11] «Gegenstand der Umweltgeschichte sind soziale und ökonomische Dimensionen menschlicher Gemeinschaften im Hinblick auf Interaktionen mit dem Lebensraum. ... Die ‹Umwelt› der Umweltgeschichte ist dann die Gesamtheit aller Phänomene, die die Lebenssituation einer menschlichen Gemeinschaft beeinflussen. Dabei werden alle jene menschlichen Handlungen, die einen (auch mittelbaren) Einfluss auf Ressourcenbasis und naturräumliche Umgebung haben, berücksichtigt.»[12] Da die Geschichtswissenschaft gemäß Kant den Menschen zum Gegenstand hat, ist der Umweltbegriff der Umweltgeschichte ein anthropozentrischer: Geschichte, was geschehen ist, hat nur für diejenigen Relevanz, die sie schreiben oder studieren.

«Der biologisch-ökosystemare Ansatz kann als wichtiger Gesichtspunkt mitgedacht werden, ist aber nicht konstitutiv.»[13]

«Gegenstand der **historischen Umweltforschung** ist die Fortschreibung naturwissenschaftlicher Datensätze in die Vergangenheit», wozu V. Winiwarter z. B. Klimageschichte, Pollenanalysen und Dendrochronologie, also die Errechnung des Fälldatums von Bäumen anhand der Jahresringe, zählt.[14] Die «humanökologischen Perspektiven» der historischen Umweltforschung umfassen gemäß R. P. Sieferle Energiefluss, Stoffkreisläufe, Bevölkerung, Krankheitserreger und Auswirkungen der Industrialisierung.[15] **Historische Ökologie** verfolgt das Anliegen, Kenntnisse der aktuellen Situation für das Studium der Umwelt in der Vergangenheit zu verwenden.

In der Umweltgeschichte hat sich eine grob angelegte Periodisierung durchgesetzt, wobei die Perioden zugleich Energiesystemen und Landschaftstypen entsprechen:[16] zunächst die paläolithischen Jäger- und Sammlergesellschaften bis vor 12 000 Jahren, welche ohne Anbau von Naturprodukten in einer Naturlandschaft lebten. Nach der letzten Eiszeit vor über 10 000 Jahren erfolgte durch die Neolithische Revolution ein Umbruch, der im Fruchtbaren Halbmond vor ca. 8000 Jahren einsetzte und durch Ackerbau, Sesshaftigkeit und Domestikation von Haustieren charakterisiert wird. Die Veränderungen führten zur Entstehung der Agrargesellschaften mit der Nutzung von Solarenergie und natürlichen Energieflüssen in einer Agri-Kulturlandschaft. Unterschieden werden die vorhochkulturelle bäuerliche Gesellschaft (bis zur Entstehung von Hochkulturen vor ca. 5000 Jahren) sowie das Stadium agrarischer Hochkulturen. Schließlich folgte in großem zeitlichen Abstand die Industrialisierung, die vor gut 200 Jahren einsetzte. Sie führte zum Verbrauch fossiler Energieträger mit hohen Energieflüssen in einer zunächst segmentierten, dann «totalen» (Industrie-)Landschaft. Nachdem anfänglich die Kohle im Zentrum stand, kam es zu einer flächendeckenden Ausbreitung von Erdöl und Erdgas. Die Städte wurden geöffnet, die Bindung ans Umland ging verloren und die Mobilität wuchs beständig. Daraus entwickelte sich schließlich eine Konsumgesellschaft, die in den 1950er Jahren mit einem Preisverfall für fossile Energieträger einherging.[17]

Die antiken Gesellschaften waren demnach grundlegend mit dem Ackerbau verbunden und auf natürliche Energie angewiesen. Wasserkraft wurde u.a. für Mühlen, Windkraft hingegen nur für Segelschiffe verwendet. Erdöl, Stein- und Braunkohle waren zwar bekannt, wurden aber kaum gefördert und spielten für die Energieversorgung keine Rolle. Als Brennstoff wurden hauptsächlich Holz, Holzkohle und Olivenöl für Lampen eingesetzt, so dass generell erneuerbare Energien im Vordergrund standen. Dennoch waren sowohl im Holzbau als auch im Bergbau und bei der Bodennutzung teilweise Erschöpfungen von Ressourcen zu verzeichnen. Diese wurden im Unterschied zur modernen Gesellschaft aber kaum als Alarmzeichen ausgelegt.

Antike Umweltgeschichte

Trotz der Aktualität der Umweltgeschichte seit gut drei Jahrzehnten steckt die ökologische Erforschung der Antike immer noch in den Anfängen. Flächendeckende Ergebnisse geologischer und botanischer Untersuchungen bleiben noch abzuwarten, die Periodisierung der Umweltgeschichte ist zu verfeinern bzw. zeitlich und örtlich zu differenzieren. Der Rekonstruktion von natürlichen Räumen, Stoffkreisläufen und Ökosystemen sind aufgrund der Quellenlage Grenzen gesetzt. Die materiellen Überreste lassen nur beschränkte Aussagen, die Schriftquellen oft nur indirekte Schlüsse über die antiken Gegebenheiten zu. Zusammenhängende Darstellungen über Mensch und Umwelt in der Antike sind bis jetzt nur wenige greifbar.

Einen ersten Meilenstein hatte Russell Meiggs 1982 mit seinem Werk «Trees and Timber in the Ancient Mediterranean World» gesetzt. Robin Osborne wandte sich dann 1987 einer aktualisierten Form der Landeskunde zu: «Classical Landscape with Figures. The Ancient Greek City and its Countryside», gefolgt von Robert Sallares' umfangreichem Werk «The Ecology of the Ancient Greek World» (1991), das auf die klimatische und biologische Entwicklung, zu der die Domestikation gehört, als Kulturerklärung rekurrierte. Einen populärwissenschaftlichen kurzen Überblick über die antike Umweltproblematik bot Karl-Wilhelm Weeber in seinem «Smog über Attika» von 1990. Im gleichen Jahr legte Paolo Fedeli eine zusammenfassende Darstellung der römischen Situation vor: «La natura violata. Ecologia e mondo romano». Eine nützliche Quellensammlung zur Umwelt der griechisch-römischen Welt stammt von Giangiacomo Panessa: «Fonti greche e latine per la storia dell'ambiente e del clima nel mondo greco» (1991). Die Einführung von K.-W. Weeber wurde ergänzt durch J. Donald Hughes' umfassendes Werk «Pan's Travail. Environmental Problems of the Ancient Greeks and Romans» (1994) sowie durch Günther E. Thürys «Die Wurzeln unserer Umweltkrise und die griechisch-römische Antike» (1995) und Gudrun Vöglers «Öko-Griechen und grüne Römer?» (1997). Holger Sonnabend legte 1999 sowohl eine Darstellung der «Naturkatastrophen in der Antike» als auch ein Lexikon zu «Mensch und Landschaft in der Antike» vor, in dem zu vielen Stichworten nützliche Einführungen und weiterführende Literatur zu finden sind.

Wie der moderne Ökologie-Begriff, so fußen auch diese neuesten Darstellungen zur antiken Umwelt auf ersten Untersuchungen des 19. und frühen 20. Jh. Lebensumstände sowie die Beziehung zur Natur fanden schon im Rahmen der großen Sittengeschichten der griechischen und römischen Welt Aufmerksamkeit, auch wenn seinerzeit naturwissenschaftliche Untersuchungen noch fehlten.[18] Modern anmutende Themen wie das Essen, Badewesen und Körperpflege, Holz- und Gartenbau wurden damals schon umfassend angegangen. Andererseits genoss aber auch die antike Landeskunde großen Zuspruch. Für Rom zu nennen ist Heinrich Nissen, «Italische Landeskunde» (1883/1902), für Griechenland Alfred Philippson – Ernst Kirsten, «Die griechischen Landschaften» (4 Bde., 1950–1959), die bis heute von Nutzen sind und nie grundlegend übertroffen wurden. Bahnbrechend in der Beschreibung der antiken Umwelt war «The Geography of the Mediterranean Region. Its Relation to Ancient History» von Ellen Ch. Semple (1931). Eine zeitlich und geographisch übergreifende Darstellung, die auch die Antike berücksichtigt, hat in jüngerer Zeit Hansjörg Küster mit seiner «Geschichte der Landschaft in Mitteleuropa» (1995) vorgelegt, gefolgt von Alfred T. Grove und Oliver Rackham, «The Nature of Mediterranean Europe. An Ecological History» (2001) und J. Donald Hughes, «The Mediterranean. An Environmental History» (2005).

Zielsetzung

Das vorliegende Buch geht einerseits auf die Grundlagen ein, die in der griechisch-römischen Antike das Verhältnis zwischen Mensch und Natur bestimmten. Es versucht also zu klären, welche wechselseitigen Wirkungszusammenhänge zwischen Mensch und Umwelt in der Zeit vom frühen Griechenland (9./8. Jh. v. Chr.) bis in die Spätantike (4./5. Jh. n. Chr.) bestanden. Zu untersuchen sind zunächst das antike Verständnis von Natur, darunter sowohl die mythische Deutung als auch die naturwissenschaftliche Sicht der vier Elemente Wasser, Erde, Feuer und Luft, dann auch der klimatische Determinismus, dem zufolge die körperliche Verfassung und das politische System vom Klima beeinflusst würden, sowie der Umgang mit Tieren und Pflanzen.

Andererseits sollen konkrete Aspekte in der Beziehung zwischen Mensch und Umwelt eingehender betrachtet werden. Dazu gehören verschiedene menschliche Eingriffe in die Natur, wie Landwirtschaft und Nahrungsbeschaffung, Bewaldung und Holzbau, Naturzerstörung im Krieg, Gartenbau, Wasserbau, Bergbau, Probleme der Großstadt. Schließlich sind auch Veränderungen in der Natur in Betracht zu ziehen und deren Bedeutung für die antike Gesellschaft zu eruieren: die Verschiebung von Küstenlinien und die Verlandung von Flussmündungen, Extremereignisse wie Feuersbrünste, Erdbeben, Vulkanausbrüche und Überschwemmungen.

Aufgabe des Historikers ist es, diese Phänomene in ihr geistiges und kulturelles Umfeld einzuordnen und die verschiedenen Auswirkungen zu ergründen. Umweltgeschichte soll unter diesem Aspekt Teil der allgemeinen Geschichte sein und der Erschließung der antiken Kultur dienen. Damit wird aber auch auf Grundlagen verwiesen, die Mensch und Landschaft in Europa langfristig prägten und die in mannigfachen Brechungen bis in heutige Zeit wirksam geblieben sind.

Griechenland

1. Der geographische Raum

Das antike Griechenland umfasste den südlichen Teil der Balkanhalbinsel mit der Peloponnes sowie die zahlreichen Inseln der Ägäis und das entferntere Kreta und Zypern. Griechische Städte entstanden im frühen 1. Jahrtausend v. Chr., aber auch an der angrenzenden Küste Kleinasiens, der heutigen Türkei. Schließlich wurden im Zuge der Kolonisation seit der zweiten Hälfte des 8. Jh. v. Chr. griechische Siedlungen rund um das Mittelmeer und z. T. auch am Schwarzen Meer angelegt. Dieser weit gestreute Städtebau bildete insgesamt die bedeutendste und folgenreichste Veränderung in der Landschaft der antiken Welt.

Für die Entstehung der griechischen Gemeinwesen waren sowohl geographische als auch politische Bedingungen ausschlaggebend. Die griechische Landschaft ist kleinräumig und kennt nur wenige breitere Küstenstreifen und Fruchtebenen, hingegen viele Landvorsprünge und vorgelagerte Inseln. Die einzelnen Landschaftskammern sind durch zahlreiche Gebirge und weit einschneidende Meeresbuchten voneinander abgetrennt, so dass sich eine deutliche Zersplitterung abzeichnet (Abb. 1). Dennoch bildeten sich in den Siedlungs- und Anbaugebieten der Täler und kleinen Ebenen durch das Schwemmmaterial der Gebirge humusreiche Ländereien. Politisch entscheidend war, dass nach dem Niedergang der großen Burgen und Paläste wie Mykene, Tiryns und Pylos um 1200 v. Chr., dem Bevölkerungsrückgang in der Folgezeit und dem Neubeginn der Siedlungstätigkeit im frühen 1. Jahrtausend v. Chr. keine Bedrohung von außen bestand, das Königtum verschwunden war und eine autonome Entwicklung kleiner Gemeinwesen einset-

Abb. 1: Typen des Großreliefs im Mittelmeerraum

zen konnte. Gemeinsame, überregionale Aufgaben gab es nur wenige wahrzunehmen.

Trotz der frühen Entdeckungsfahrten, Handelsbeziehungen und Städtegründungen blieben die geographischen Kenntnisse bis in hellenistische Zeit (336–30 v. Chr.) bescheiden. Die Erde galt als Scheibe, die vom Okeanos, dem Weltmeer, umgeben und durch Meere und Flüsse unterteilt wird. Der Naturphilosoph Anaximander von Milet entwarf im 6. Jh. v. Chr. eine erste Weltkarte, die Hekataios verbesserte und mit einer Beschreibung der Erde (*Períodos gés*) ergänzte. Am Übergang zur klassischen Zeit entwickelte sich die Vorstellung von der Welt als Kugel, die Eratosthenes im 3. Jh. v. Chr. erstmals vermessen konnte, ohne dass damit die Idee der Erdscheibe generell überwunden worden wäre. Seit der makedonische König Alexander d. Gr. auf seinem Eroberungszug durch Asien im Jahre 326 v. Chr. am Indus feststellen musste, dass das Ende der bewohnten Welt nicht absehbar war, war auch die Beherrschbarkeit der gesamten Erde in Frage gestellt – wenngleich sie später von den Römern wiederholt ins Auge gefasst wurde.

Polis und Chora: Stadt und Umland

Kennzeichnend für den griechischen Raum ist jene Form von Gemeinschaft und staatlicher Organisation, die wir als Polis (Stadtstaat) bezeichnen. Polis bedeutet ursprünglich Burg und bezieht sich dann auch auf die im Schutz der Burg liegende Siedlung. Polis meint also sowohl die Stadt als auch den Stadtstaat (Bürgergemeinde) – ein um ein städtisches Zentrum zusammengeschlossenes Gemeinwesen mit Umland (*chóra*), das sich autonom verwaltet und den Besitz seiner Mitglieder an Grund und Boden schützt. So entstand ein Nebeneinander von befestigten Zentralorten und unbefestigten ländlichen Siedlungen in der Nähe bewirtschafteter Flächen; dicht besiedelte Landschaften konzentrierten administrative, religiöse und politische Funktionen in einem städtischen Zentrum. Im Falle von Athen ist eine Binnenkolonisation im Polisgebiet beobachtbar, bei der diverse Dörfer im eigenen Umland angelegt wurden.[19] Trotz der Dominanz eines Zentralortes entstand kein Gegensatz zwischen Stadt und Land, denn die Bewohner des Zentrums waren ebenfalls Bauern. Insgesamt können wir im griechischen Raum mit ca. 700 Poleis rechnen. Eine Polis umfasste oft nur einige hundert Bürger, im Falle von Athen jedoch bis zu ca. 30 000 politisch vollberechtigte Bürger, zu denen sich je nochmals ebenso viele fremde Mitbewohner ohne athenisches Bürgerrecht (Metöken) und Sklaven gesellten.

Entstanden ist die Polis im 9./8. Jh.v. Chr.; die ersten literarischen Zeugnisse stammen von Homer und Hesiod um 700 v. Chr. Die Planung der Siedlung erfolgte jeweils um einen Mittelpunkt: die Agora als Versammlungs- und Marktplatz mit öffentlichen Gebäuden. Tempelbauten sind bereits im 10. Jh. v. Chr. nachweisbar, wie z. B. in Aigeira, in der nördlichen Peloponnes. Es entstanden zentrale Kulte, welche die sich neu formierenden Gemeinschaften verbanden. Zu politischen Zwecken versammelten sich die Bürger auf der Agora, die eine immer stärkere Nutzung erfuhr. In Athen lag das städtische Zentrum anfänglich wohl nordöstlich der Akropolis. Bis ins 8. Jh. v. Chr. befanden sich weiter westlich Gräber auf der künftigen Agora, die zunächst entwässert werden musste. Außerhalb der Siedlung schloss dann ein eigentlicher Friedhof an (Kerameikos; Abb. 7).

Die griechischen Poleis kannten praktisch kein überregionales Wegenetz, sondern – wie in Attika – nur regionale Verbindungen oder Prozessionsstraßen, etwa zu den Heiligtümern in Eleusis und Delphi. Diese bestanden nur aus befestigten Fußpfaden oder einspurig ausgebauten Straßen für Wagenverkehr. Strabon (5,3,8) berichtet von ungepflasterten Straßen ohne Abzugsgräben. Dies stand sowohl dem Binnenaustausch von Gütern als auch der exportorientierten Großproduktion eher entgegen. Dennoch gab es schon in früher Zeit regen Handel, denn gerade über den Seeweg bestanden regelmäßige Verbindungen zwischen einzelnen Regionen und auswärtigen Gebieten.

Kolonisation

Beträchtliche Auswirkungen für die Landschaft des südlichen Europa bis hinauf zum Gebiet des Schwarzen Meeres hatte die griechische Kolonisation. Diese erfasste seit der zweiten Hälfte des 8. Jh. v. Chr. Gebiete rund um das Mittelmeer, so dass die Griechen «wie Ameisen oder Frösche um einen Sumpf» wohnten (Plat. Phaid. 109 b). Dabei war mancherorts zunächst eine vorgelagerte Insel in Besitz genommen worden, von der aus dann der Schritt aufs Festland erfolgte. Dieses Vorgehen ist schon bei den frühesten Kolonien in Unteritalien (Pithekoussai/Kyme) und Sizilien, aber auch in Nordafrika (Kyrene) zu beobachten. Die Städte wurden planmäßig mit rechtwinkligem Straßenraster, öffentlichen Plätzen und Heiligtümern angelegt. Diese Form griff im 5. Jh. v. Chr. der Städtebauer Hippodamos von Milet auf und erlangte dafür Berühmtheit, so dass im griechischen Bereich vielerorts vergleichbare Siedlungen entstanden.

Die Kolonien waren von den Mutterstädten unabhängig und unterstanden im Gegensatz zu ihren modernen Pendants keinem imperialen Nationalstaat, welcher die Herrschaft über große Territorien anstrebte. Von den Küstensiedlungen aus wurden dennoch auch im Hinterland Ländereien genutzt und Rohstoffe abgebaut. Dadurch wurde neues Land erschlossen, parzelliert und kultiviert. Eine negative Auswirkung der erweiterten Siedlungstätigkeit war mancherorts die Verlandung von Flussmündungen, wie sie insbesondere für den Maiandros bei Milet ab dem 5. Jh. v. Chr. zu verfolgen ist. Durch Kultivierung und Terrassenbau konnten Abschwemmungen aber auch eingedämmt werden, wie das Beispiel von Olympia nahelegt (s. u.).

Hellenistische Königreiche

Mit dem Eroberungszug Alexanders d. Gr. von Makedonien (336–323 v. Chr.) erweiterte sich der Raum, in dem Griechen siedelten und in den sie ihre Lebensformen trugen, erheblich. Das Gebiet des Vorderen Orients und Ägyptens kam unter die Kontrolle von makedonischen Königen. Bereits Alexander hatte bei seinem Feldzug gegen die Perser unterwegs bis nach Baktrien und Sogdien (Afghanistan/Tadschikistan) wie auch am Indus zahlreiche Städte angelegt, und aus seiner Gründung Alexandria in Ägypten sollte sich erstmals ein multifunktionelles urbanes Zentrum entwickeln. Dieses diente sowohl politisch-administrativen als auch militärischen und wirtschaftlichen Zwecken und formierte sich mit seinem Museion, einem Forschungsinstitut, zu einer neuen wissenschaftlichen Hochburg. Die vorgelagerte Insel Pharos wurde durch einen künstlich aufgeschütteten Damm mit dem Festland verbunden, so dass dort zwei neue Hafenbecken entstanden und die Landschaft durch technische Mittel großflächig verändert wurde.

Die großen, auf Alexanders Herrschaft folgenden hellenistischen Königtümer der Makedonen, Ptolemäer und Seleukiden entwickelten ebenfalls eine intensive kolonisatorische Tätigkeit. Im Vorderen Orient entstanden Dutzende von neuen Städten griechischer Prägung, in denen griechische und makedonische Veteranen angesiedelt wurden. Die Könige hatten nicht nur Politik, Militär und Administration unter ihrer Kontrolle, sondern verfügten in den weiträumigen Staaten auch über den größten Landbesitz. Von ihren Untertanen und Pächtern forderten sie Steuern und Naturalabgaben, so dass es insgesamt zu einer intensiveren Bebauung des Bodens kam. Die hellenistischen Großreiche begannen zwar mancherorts bald zu bröckeln, aber erst die Römer setzten ihnen ein definitives Ende und überführten die Restteile (Makedonien, Kleinasien, Syrien, Ägypten) sowie ganz Griechenland zwischen 148 und 30 v. Chr. in ihre Herrschaft. Dies garantierte zugleich eine Siedlungskontinuität und allmähliche Überleitung von griechischen Lebensformen zu römischen Gewohnheiten und neuen Rechtsformen.

Klima, Küstenlinien und Flussmündungen

Im Rahmen der neu entwickelten naturkundlichen Forschung teilte der griechische Philosoph Parmenides in der ersten Hälfte des 5. Jh. v. Chr. die Erde erstmals in Klimazonen ein, wobei er nur den verbrannten Süden, die gemäßigte Mediterranzone und den kalten Norden unterschied (Strab.2,2,2). In der Schrift «Über Winde, Wasser, Örtlichkeiten», die dem griechischen Arzt Hippokrates von Kos (ca. 460–370 v. Chr.) zugeschrieben wird, wird v. a. zwischen europäischen und asiatischen Klimazonen unterschieden und daraus ein entscheidender Einfluss auf die Konstitution der Menschen und ihre politischen Verfassungen abgeleitet. Aristoteles erweiterte im 4. Jh. v. Chr. die herkömmliche Zahl der vier Winde (Boreas, Zephyros, Euros, Notos) auf acht und beschäftigte sich als erster mit Meteorologie. Später wurde sein System abermals differenziert (Plin.nat.2,119 ff.). Eratosthenes, der im 3. Jh. v. Chr. in Alexandria zum ersten Mal die Erdkugel vermaß, legte sieben Klimazonen in Parallelstreifen fest. Die geographischen Kenntnisse wurden dadurch jedoch kaum erweitert und auch der klimatische Determinismus nicht in Frage gestellt. Konkrete Auswirkungen dieser Lehre auf die Siedlungstätigkeit sind nicht erkennbar.

Wichtig sind neben den Angaben der literarischen Quellen insbesondere naturwissenschaftliche Forschungen zu Klima und Landschaft in der Antike, die freilich erst für einzelne Regionen vorgenommen wurden. Zudem ist der Einfluss des Menschen auf das Klima in der Antike generell nur schwer auszumachen. Insgesamt blieb das Klima seit dem 9. Jh. v. Chr. offenbar relativ konstant; es ist im Mittelmeerraum generell von milden, regenfeuchten Wintern und heißen, trockenen Sommern geprägt. Zwischen 850 und 600 v. Chr. ist eine klimatisch kältere und nässere Phase festzustellen, wie nochmals im 4. Jh. v. Chr.[20] Im 1. Jh. v. Chr. gab es eine trockenere und wärmere Phase, worauf bis 150 n. Chr. die Temperaturen wieder zurückgingen und mehr Niederschläge fielen. Zwischen 150 und 230 n. Chr. herrschten erneut günstigere Verhältnisse, bis schließlich nochmals eine Verschlechterung erfolgte.[21]

Abb. 2: Verlandetes Hafenbecken von Leptis Magna (Libyen)

Trotz zahlreicher Unsicherheiten sind regionale naturwissenschaftliche Studien geeignet, die Auswirkungen der Zivilisation zu verdeutlichen. Im Gebiet des Golfes von Tarent (Basilicata, Lukanien), in den mehrere parallele Flüsse münden, können vier Phasen unterschieden werden: In einer ersten Phase zeichnen sich im Spät-Pleistozän/Früh-Holozän vor ca. 11 700 Jahren klimatisch bedingte Ablagerungen ab. In den nächsten drei Phasen macht sich in den Sedimenten offensichtlich der menschliche Einfluss bemerkbar, der mit Entwaldung und Ackerbau zusammenhängt. Dies betrifft insbesondere die griechisch-römische Zeit, das Mittelalter und die vergangenen zwei Jahrhunderte.[22] In der Argolis auf der Peloponnes zeigen Flusssedimente eine frühbronzezeitliche Füllung, auf die erst wieder Ablagerungen aus hellenistischer Zeit folgen. Dies wird zu einem Teil mit dem Terrassen- und Dammbau erklärt, der später wieder vernachlässigt wurde.[23] Olympia wurde nach der Aufgabe der Besiedlung im 5. Jh. n. Chr. allmählich von einer 10 Meter hohen Sedimentschicht der Flüsse Kladeos und Alpheios überlagert,[24] wobei allerdings auch andere Faktoren als der menschliche Einfluss in Betracht gezogen werden müssen.[25]

Neben Klima und menschlichen Eingriffen prägen der Meeresspiegel und die Küstenlinien die an das Mittelmeer angrenzenden Gebiete. Der Meeresspiegel war in der Antike ca. 1,5–2 Meter tiefer als heute und stieg erst allmählich mit dem Schmelzen der (Polar-)Gletscher. Antike Küstenlinien sind heute gerade im westlichen Mittelmeer oft überflutet; so sind z. B. Larymna am Golf von Atalanti in Mittelgriechenland sowie Kyme im westlichen Kleinasien zum Meer hin unter Wasser gesetzt.[26] Das Ansteigen des Meeresspiegels ging aber auch mit horizontalen Küstenverschiebungen und zunehmenden Sedimentablagerungen von Flüssen einher. Die Häfen von Delos sowie die libyschen Häfen in Sabratha, Leptis Magna (Abb. 2) und Apollonia sind verlandet,[27] ebenso Ostia, Sybaris und Metapont. Während Kenchreia, der östliche Hafen von Korinth, im Meer verschwand, wurde das im Jahre 373 v. Chr. von einem Erdbeben und Tsunami heimgesuchte Helike am Golf von Korinth möglicherweise unter den Sedimenten dreier Flüsse begraben.

Vom Menschen verursachte und durch das Klima verstärkte Anschwemmungen führten generell zum Problem der Verlandung von Flussmündungen, so etwa bei Nil, Mäander, Acheloos, Po, Tiber, Rhone und Ebro. Der Historiograph Thukydides (2,102) berichtet, dass der Acheloos, der die Landschaft Akarnanien in Westgriechenland von Ätolien trennt, im Winter viel Material anschüttete und manche der vor der Mündung liegenden Echinaden-Inseln schon verlandet waren. Der Golf von Thessaloniki (Meerbusen von Therma) verlandete zwischen 500 v. Chr. und 100 n. Chr., so dass nur noch ein kleinerer Inlandsee übrig blieb.[28] Da in Griechenland große Flüsse fehlen, sind es Flussmündungen in Kleinasien, die am stärksten von Verlandung betroffen waren, so am Kaystros (Ephesos) und Maiandros (Milet, Herakleia, Myous).

Für die Maiandros-Mündung am Golf von Latmos ist Pausanias (2. Jh. n. Chr.) die Hauptquelle (7,2,10–11): «Im Gebiet von Myous erstreckte sich ein nicht großer Meerbusen ins Land. Diesen machte der Fluss Maiandros zu einem See, indem er die Einfahrt mit Schlamm abschnitt. Als das Wasser Süßwasser wurde und nicht mehr Meer war, entwickelten sich die Mücken in unendlicher

Menge aus dem See, bis sie die Menschen zwangen, die Stadt zu verlassen. Die Myousier zogen sich nach Milet zurück und nahmen alles Tragbare und auch die Götterbilder mit, und zu meiner Zeit war nichts mehr in Myous als ein Marmortempel des Dionysos.» Nachdem der Hafen von Myous im 5. Jh. v. Chr. noch von Kriegsschiffen benutzt worden war (Hdt. 5,36), war die Stadt im 1. Jh. v. Chr. nur noch durch Schlammwasser auf Ruderschiffen erreichbar, während das nordwestliche Priene in einem Abstand von 40 Stadien (ca. 7,5 km) ganz verlandet war, das südlichere Herakleia aber noch am Meer gelegen haben soll (Strab. 12,8,17; 14,1,8. 10). Im 1. Jh. n. Chr. soll dann der Mäander 10 Stadien (ca. 1,85 km) vor Milet ins Meer gemündet haben (Plin. nat. 5,113), so dass die Verlandung im Durchschnitt um ca. 2 km pro Jahrhundert vorangeschritten war – also deutlich mehr als beim Kaystros vor Ephesos. Milets Häfen waren wohl im 4. Jh. n. Chr. verlandet und später nur noch über den Mäander erreichbar, auch wenn sich die Verlandung in nachantiker Zeit deutlich verlangsamte.[29]

2. Mensch und Natur

Im Zusammenhang mit dem Umweltverhalten stellt sich generell die Frage nach den Auffassungen und Bildern der antiken Menschen von der Natur. Dabei zeigt sich, dass das Verhältnis der Griechen zur Natur grundsätzlich zwiespältig war. Einerseits gab es die freundliche Seite der Natur, zu der etwa hilfsbereite Nymphen in Wäldern, Quellen und Wiesen sowie ein fröhliches, unbeschwertes Landleben gehörten. Andererseits herrschten in der Natur unheimliche Mächte – dunkle Wälder, reißende Gewässer, wogende Meere und wilde Tiere riefen Angst und Schrecken hervor. Göttliche Mächte und Dämonen, die hier walteten, sollten durch rituelle Praktiken besänftigt werden. Agrikultur bedeutete eine Verletzung der Natur, welche Entsühnungsriten erforderte, die auch beim Städtebau vorgenommen wurden. Der religiöse Respekt vor der Umwelt äußerte sich auch in der Verehrung von Fruchtbarkeitsgöttern (Demeter/Ceres) sowie im Festkalender mit Dankes- und Bittopfern, etwa den Thargelia im April/Mai, an denen die Getreideerstlinge gefeiert wurden. Auch klimatischen Elementen wie Winden, Regen und Trockenheit wurden rituelle Opfer dargebracht, um eine gute Ernte zu sichern.[30]

Neben diesen eher gefühlsmäßigen, irrationalen Einschätzungen wurde aber auch nach Gesetzmäßigkeiten in der Natur gesucht. Die ionische Naturphilosophie des 6. Jh. v. Chr. überwand das rein mythische Denken und versuchte, die Welt rational zu erklären. Anstatt die Götter für die Naturvorgänge verantwortlich zu machen, wurden geophysikalische Prinzipien ergründet. Wegweisend wurde die Lehre von den vier Elementen Feuer, Luft, Erde, Wasser (Empedokles von Agrigent, ca. 495–435 v. Chr.) und von den kleinsten unteilbaren Elementen, die Atomistik (Demokrit von Abdera, ca. 460–370 v. Chr.). Gleichzeitig etablierte sich ein ausgeprägter Umweltdeterminismus, wie ihn die Hippokratische Schule des 5./4. Jh. v. Chr. begründete und wie er sich insbesondere in der Schrift «Über Winde, Wasser, Örtlichkeiten» (*Peri aéron, hydáton, tópon*) niederschlug.

Diese Abhandlung, die dem Arzt Hippokrates von Kos (ca. 460–370 v. Chr.) zugeschrieben wird, konstruiert einen Zusammenhang zwischen dem Befinden des Menschen und seiner Umgebung: Krankheit oder Gesundheit seien abhängig vom Lebensraum. Lebensumstände und politische Verfassung würden bestimmt durch die Lage eines Ortes, Beschaffenheit des Bodens, Klima, Windverhältnisse, Sonneneinstrahlung, Qualität des Wassers und kosmische Einflüsse. In Asien gebe es ein mildes, ausgeglichenes Klima und eine reiche Vegetation, die angeblich weichliche, wenig kampftüchtige Menschen hervorbringe. Europa kenne hingegen ein rauhes und wechselhaftes Klima, aus dem abgehärtete, arbeitsame und kampftüchtige Menschen hervorgingen:

«Bei den Völkern, welche ein gebirgiges Land bewohnen, das rauh, hochgelegen und wasserreich ist, wo die Wandlungen der Jahreszeiten stärkste Unterschiede aufweisen, sind augenscheinlich die Gestalten der Menschen groß und zum Ertragen von Strapazen und zur Tapferkeit wohlveranlagt, und wildes und raubtierartiges Wesen haben solche Naturen nicht zum wenigsten. Dagegen haben diejenigen, die eingeschlossene, wiesenreiche, stickige Täler bewohnen und mehr warme als kalte Winde haben und warmes Wasser gebrauchen [= die Böoter] – solche Menschen haben keine große Gestalt und keine normalen Staturen; sie sind in die Breite gewachsen, fleischig und schwarzhaarig, und ihre Hautfarbe ist mehr braun als weiß. ... Sehr groß sind also die Unterschiede der menschlichen Natur. Das gilt aber auch vom Lande, in dem einer aufwächst, und von den Gewässern. Denn man wird finden, dass sich gewöhnlich der Natur des Landes auch die körperlichen Erscheinungen der Bewohner und ihr Charakter angleichen» (Hippokr. aër.24).

Mit dem ambivalenten Verhältnis des Menschen zur Natur als freundlicher bzw. bedrohlicher Erscheinung verbinden sich zwei weitere Grundhaltungen: einerseits ein Inferioritätsgefühl, das von der Dominanz der Umwelt über den Menschen ausgeht, andererseits ein Superioritätsgefühl, das die Überlegenheit des Menschen über die Natur voraussetzt – der Mensch kann sich der Natur bemächtigen. In Sophokles' Antigone (442 v.Chr.) spricht der Chor (332 ff.):

> «Vieles ist ungeheuer, nichts
> ungeheuerer als der Mensch.
> Das durchfährt auch die fahle Flut
> in des reißenden Südstroms Not;
> das gleitet zwischen den Wogen,
> die rings sich türmen! Erde selbst,
> die allerhehrste Gottheit,
> ewig und nimmer ermüdend, er schwächt sie noch,
> wenn seine Pflüge von Jahre zu Jahre, wenn
> seine Rosse sie zerwühlen.»

Die beiden divergierenden Grundhaltungen wirkten sich auch auf die Kulturentstehungslehre aus, die ebenfalls zwei Versionen kannte. Die Deszendenztheorie ging vom Mythos vom Goldenen Zeitalter aus (Hesiod, Werke und Tage), in dem die Natur ein paradiesisches Leben beschert, das in der Folge aber immer beschwerlicher wird, wobei der Mensch frevelhaft in die Natur eingreift; dies entspricht der altorientalischen Auffassung von vier an Annehmlichkeiten verlierenden Zeitaltern: von der goldenen über die silberne und eherne bis hin zur eisernen, mühsalbeladenen eigenen Zeit. Die Aszendenztheorie verband sich demgegenüber mit einer fortschrittsgläubigen Kulturentstehungslehre (Platon, Protagoras). Ihr zufolge befreit sich der Mensch aus einem jämmerlichen Urzustand, in dem er der Natur und ihren Widerwärtigkeiten ausgeliefert war. Durch die Entwicklung der Technik, Künste, Moral und politischen Gemeinschaft entsteht ein geordnetes Miteinander, in dem Recht und Gesetz gelten. Die beiden konträren Positionen werden einander angenähert durch die Erkenntnis vom Kreislauf des Lebens, dem auch Tiere und Pflanzen unterworfen sind.

Ein entsprechender Zyklus zeigt sich schon in Homers Gleichnis von den Blättern im Walde, die entstehen und vergehen wie die Geschlechter der Menschen. Glaukos aus Lykien, auf der Seite der Trojaner, spricht zu seinem Gegner Diomedes, dem Gefährten des Odysseus (Il.6,146–149):

> «Tydeus' mutiger Sohn [= Diomedes], was fragst du nach meinem Geschlechte?
> Gleichwie Blätter im Walde, so sind die Geschlechter der Menschen;
> Siehe, die einen verweht der Wind, und andere wieder
> Treibt das knospende Holz hervor zur Stunde des Frühlings:
> So der Menschen Geschlecht, dies wächst, und jenes verschwindet.»

Die beiden entdecken schließlich, dass ihre Familien freundschaftlich verbunden sind, und verzichten auf einen Kampf.

Eine aus heutiger Sicht positive Folgerung aus solchen Auffassungen von einem Kreislauf war der Aufruf zu angemessenem Umgang mit der Natur. Dies entspricht freilich nicht dem modernen Umweltschutzgedanken, sondern der Einhaltung einer göttlichen Ordnung und dem Maßhalten. Der Philosoph Heraklit von Ephesos (ca. 545–480 v. Chr.) befand: «Weisheit besteht darin, die Wahrheit zu sagen und zu handeln nach der Natur, auf sie hinhörend» (D/K 22 B 112 = frg.109 M). Die Tragiker des 5. Jh. v. Chr. vertraten die Auffassung, der Mensch müsse den für ihn vorgesehenen Platz und seine Aufgabe in der Weltordnung einhalten.

Die Ideenlehre Platons favorisierte im 4. Jh. v. Chr. allerdings das geistige Dasein (*lógos*) gegenüber dem Materiellen (*physis*). Damit kam eine neue Dimension ins Spiel: die Befreiung der Seele aus ihrer minderwertigen materiellen Ummantelung. Die Natur (*physis*) wird dadurch Ausdruck des unvollkommen Vergänglichen, im Gegensatz zum ewig Seienden. Die Naturbetrachtung dient der Erkenntnis der harmonischen Weltordnung, die im Kosmos verkörpert ist. Das Naturrecht beinhaltet dabei auch das Recht des Stärkeren (Gorg. 483 c–d). Der Mensch greift durch Technik (*téchne*) und Kultur (*nómos*) in die von ihm unabhängig geschaffene Natur ein. Diese wurde im platonischen Schöpfungsmythos auf den «Demiurgen» zurückgeführt, der die Welt – unter Verwendung der vorgegebenen Materie – nach dem Urbild der Ideen gestaltet hatte (Tim. 28 c–29 a).

Aristoteles (384–322 v. Chr.) vertrat demgegenüber das Konzept einer ewigen Welt, einer prozesshaft schaffenden, aus sich heraus existierenden Natur. Gleichzeitig begründete er aber auch die Überlegenheit des Menschen über das Tier (pol. 1254 b 10 ff.; 1256 b 15 ff.). So wurde ein Teil der Natur als Ausnutzungsobjekt und Beute betrachtet, der Mensch blieb dennoch selbst ein Teil des Naturganzen. Es galt das Prinzip des besonnenen Maßhaltens bzw. das Postulat des ausgeglichenen mittleren Maßes. Daraus konnte eine gewisse Zurückhaltung bei der Beanspruchung natürlicher Ressourcen abgeleitet, aber kein prinzipieller Schutz vor ruinösen Eingriffen erreicht werden. Wie Xenophon zeigt, herrschte der Glaube an die Unerschöpflichkeit der Ressourcen vor (vect. 1,4; 4,2 ff.).

In der Philosophie der Stoa wurde die Natur schließlich zu einer Vernunftnatur, so dass das leidenschaftslose, vernünftige Leben als naturgemäß galt. Der Mensch wurde dabei als Herr der Natur betrachtet. Die Philosophie des Epikur (342/1–271/0 v. Chr.) beabsichtigte gleichzeitig, den Menschen die Angst vor der Natur zu nehmen. Zudem bot im Hellenismus die Bukolik, die dichterische Verehrung des Landlebens, einen literarischen Ausgleich zu dem urbanen Leben der expandierenden Großstädte – eine Tradition, welche sich auch in der Kaiserzeit in den idyllischen Landschaftsbildern des Romans «Daphnis und Chloe» (2,3) von Longos (an der Wende vom 2. zum 3. Jh. n. Chr.) fortsetzte.

3. Landwirtschaft

Die Landwirtschaft bildete die Grundlage der antiken Wirtschaft und diente zunächst der Selbstversorgung. Auch Wohlhabende waren ihrem Selbstverständnis nach nicht Geschäftsleute und Händler, sondern Ackerbauern und Gutsbesitzer. Die antike Polis war, mit Max Weber gesprochen, eine «Kriegerzunft», der Bürger also Soldat, der sich selbst ausrüstet und versorgt; die Stadt verkörperte kein Produktions- und Wirtschaftszentrum, sondern diente den «Konsumenteninteressen». Für die Bürger stellte die Landwirtschaft den primären Wirtschaftssektor dar, so dass sich kein Gegensatz zwischen Stadt und Land ergab.

Die antike Landwirtschaft wies eine große Kontinuität auf: Es kam weder zu revolutionären agrartechnischen Neuerungen noch zu einer Mechanisierung, sondern nur zu Verbesserungen der Werkzeuge und der Anbaumethoden. Im Bereich des Handwerks entstanden keine Großbetriebe und es zeichnete sich kaum serielle Produktion ab. Die Landwirtschaft kannte große lokale Unterschiede in Eigentumsformen und Produktionsweisen – «vom hoch entwickelten ägyptischen Kanal- und Bewässerungssystem bis zur einfachen Weide- und Jagdwirtschaft».[31]

Die wichtigsten Produkte waren schon im frühen Griechenland Getreide, Weintrauben und Oliven, dazu Hülsenfrüchte (Ackerbohnen, Linsen, Erbsen) und Obst (Birnen, Äpfel, Feigen); begleitend gab es Tierzucht (Rinder, Ziegen und v. a. Schafe), Fischfang und Jagd (Wildschweine, Hirsche etc.). Vorwiegend wurde Zweifelderwirtschaft betrieben, bei der jeweils eine Hälfte des Ackerlandes brach lag, in Kombination mit öffentlichem Weideland. Das mediterrane Klima mit hohen Niederschlägen im Winter und sonnenreichen Sommern ließ ein breites Spektrum an Wirtschaftspflanzen zu. Im Frühsommer stand die Ernte von Feldfrüchten und Obst an, im Spätsommer diejenige der Trauben und Oliven. Während des Brachjahres wurde der Boden mehrfach mit dem Viehpflug durchfurcht und mit Tiermist gedüngt. Dieser war insofern Mangelware, als nur die Arbeitstiere in Ställen gehalten wurden. Verbreitet war die Fernweidewirtschaft (Transhumanz), bei der die Viehherden im Winter in den Tälern und Ebenen, im Sommer in den nahen Gebirgszügen gehalten wurden (Soph.Oid.T.1133 ff.).

Literarische Quellen zur griechischen Landwirtschaft sind spärlich und liefern uns oft nur indirekte Hinweise. Hesiod aus Böotien (um 700 v.Chr.) schildert in seinem Gedicht «Werke und Tage» (*Erga kai hemérai*) die tägliche Arbeit; daraus ergibt sich zwar ein Agrarkalender, aber keine eigentliche Anleitung zur Landwirtschaft. Es handelt sich vielmehr um einen moralischen Appell an fleißige Arbeit auf dem eigenen Hof. Empfohlen werden ein oder einige wenige Sklaven und Arbeitstiere; Ziele sind Autarkie, Schuldenfreiheit und ein Sohn als Nachkomme (erg.229 ff. 375); von Handel wird demgegenüber abgeraten (618 ff.).

Tyrtaios aus Sparta (2. Hälfte 7. Jh. v.Chr.) schildert die Unterjochung der benachbarten Messenier, welche die Hälfte ihrer Ernte an die spartanischen Herren abgeben mussten (frg.5D). Dadurch ergaben sich für die Spartaner auf ihren Gehöften in Lakonien zusätzliche wirtschaftliche Einkünfte, die aber auch zu unterschiedlichen Besitzverhältnissen führten. Der Lyriker Alkman beschreibt dementsprechend zur gleichen Zeit in Sparta die gewöhnliche Speise des Volkes (Grütze, Graupenmus mit Honig, Brei von Hülsenfrüchten), Mangel im Frühjahr und leckere Bissen der Reichen (Kuchen, Gebäck, wohl auch Fleisch von der Jagd), so dass insgesamt schwankende Versorgungsverhältnisse anzunehmen sind.[32]

Athen hatte um 600 v.Chr. mit einer landwirtschaftlichen Krise zu kämpfen, die sich mit Bevölkerungswachstum und Überbevölkerung verband. Das attische Land befand sich großenteils in den Händen adliger Familien; freie Lohnarbeiter und ein bedeutender Teil der ehemaligen Kleinbauern waren als Schuldner oder Hörige in deren Abhängigkeit geraten, also von Schuldknechtschaft bedroht; für die Nutzung des Bodens musste offenbar ein Sechstel des Ertrages an den Grundherrn abgegeben werden, woher die Bezeichnung «Hektemoroi» für die Landpächter rührt. In dieser Situation wurde Solon zum «Versöhner» gewählt und leitete zahlreiche Reformmaßnahmen ein, darunter ein Ausfuhrverbot für alle Nahrungsmittel außer Öl (Plut.Sol.24,1), die Beschränkung des Grunderwerbs (Aristot.pol.1266 b 16), Entschuldung (Seisachthie, «Lastabschüttelung») der Bürgerschaft (Aristot.Ath.pol.12,4;

Poll.7,151), die Aufhebung der Schuldknechtschaft (Aristot.Ath. pol.6,1; 9,1; Plut.Sol.15,2; 19,4) und eine Reform von Maßen und Gewichten. Dies ermöglichte insgesamt eine freie Entwicklung der Bürgerschaft und wirtschaftliche Gewinne einer aufstrebenden Händlerschicht.

Griechenland ist topographisch kleinräumig und weist zwischen den Gebirgen und Hügeln relativ wenig fruchtbare Ebenen auf. Attika umfasst ca. 2500 qkm (= 250 000 ha) und beherbergte im 5./4. Jh. v. Chr. 300 000 Einwohner, Athen selbst ca. 50 000 Einwohner. Etwa 5,5 % des bebaubaren Landes bzw. 13 000 ha wurden für den Getreidebau verwendet.[33] Das attische Land produzierte im Jahre 329/8 v. Chr. ca. 27 000 Medimnen Weizen (= 1000 Tonnen) und 340 000 Medimnen Gerste (= 11 400 Tonnen; IG II^2 1672), was den Bedarf von ca. 50 000 bis 60 000 Personen deckte.[34] Darüber hinaus wurden im 4. Jh. v. Chr. jährlich offenbar mindestens 800 000 Medimnen Getreide (= 42 Mio. Liter) importiert (Dem.20,31 ff.), die Hälfte davon vom Schwarzen Meer. Damit konnten nochmals mindestens 130 000 Personen versorgt werden.[35] Voraussetzungen für die Importe waren nicht nur die im 6. Jh. v. Chr. aufgekommene Metall- und Geldwirtschaft, sondern auch die Urbanisierung und Reichsbildung im ägäischen Raum. Die politische Überwachung des östlichen Mittelmeeres und der Dardanellen erwies sich als lebenswichtig, weshalb der Attisch-Delische Seebund unter der Führung Athens gegründet wurde, nachdem im Jahre 480 v. Chr. der Hellespont und Thrakien von der Herrschaft der Perser befreit worden waren.

Aufschlussreich sind archäologische Surveys im Gebiet von Attika, die Einblicke in die Struktur der bäuerlichen Gehöfte ergeben. Eigentümer der sog. Prinzessinnen-Farm von Agriliza (Abb. 3) war ein Timesios, der zugleich als Pächter von Silberminen und Besitzer eines zweiten, einen Kilometer entfernten Anwesens (Cliff-Farm) bekannt ist; einen weiteren Hof erhielt er von einem Schuldner überschrieben. Timesios besaß also fast das ganze Agriliza-Tal, wo auch Marmor- und Metallabbau betrieben wurde.[36] Im Charaka-Tal gab es nach dem Befund von H. Lohmann ca. 35–40 Bauernhöfe und eine dorfähnliche Siedlung. Die Gehöfte waren mit Wehrtürmen, Dreschplätzen, Terrassenanlagen,

Abb. 3: Farm des Timesios (Prinzessinen-Turm) im Agriliza-Tal, Attika

Gräbern und Straßen ausgestattet; die Türme waren nicht nur Wehrbauten, sondern dienten auch als Wohnraum und Vorratslager, um gegen Räuber gewappnet zu sein. Ein Viertel der Höfe gehörte Großbauern und umfasste ca. 25 ha, was 30–50% der Anbaufläche entsprach.[37] Kleinbauern hatten im Vergleich dazu nur etwa ein Viertel der Fläche von Großbauern zur Verfügung. Die 2000 reichsten Athener besaßen ein Viertel bis ein Drittel des bebauten Landes, so dass fast die Hälfte des Agrarlandes in Besitz oder unter Kontrolle von 10% der Bevölkerung war.[38] Landwirtschaftlich erzeugt wurden Öl und Honig; der Bergbau spielte eine eher geringe Rolle.

Dass die Landwirtschaft die Basis einer gesicherten Existenz bildete, zeigt sich auch im Zusammenhang mit kriegerischen Ereignissen, wie beispielsweise dem Peloponnesischen Krieg zwischen Athen und Sparta, die jeweils von ihren Bundesgenossen unterstützt wurden (431–404 v. Chr.): Thukydides aus Athen (ca. 460–400 v. Chr.) berichtet von gezielten Zerstörungen von Getreidefeldern und Fruchtbäumen in Attika durch die Spartaner, die dem Gegner die Lebensgrundlagen entziehen sollten (Thuk. 2,79; 3,26;

Abb. 4: Olivenbäume und Bewaldung bei Sparta (Akropolis), Blick auf das Taygetos-Massiv mit Koniferenbewuchs bis 1700 m. ü. M.

6,94). Diese konnten jedoch nicht flächendeckend vorgenommen werden und hatten kaum langfristige Folgen, da die Rebstöcke und Olivenbäume schwer komplett zu vernichten waren.[39] Letztlich wurde Athen in der Ägäis von seinen Bündnispartnern und Lebensmittellieferanten abgeschnitten, büßte stark an Kräften ein und musste daher vor Sparta und dessen Bundesgenossen kapitulieren. Dennoch wurden auch in späteren Kriegen wiederholt landwirtschaftliche Kulturen mutwillig zerstört (Xen.hell.4,5,10. 7,1; 5,2,39; Plut.Kleom.26,1).

4. Bewaldung und Holzbau

Die Bewaldung im Mittelmeerraum war schon in den Jahrhunderten vor der griechischen Besiedlung einer deutlichen Veränderung unterworfen. Zwischen 5000 und 3000 v. Chr. fand ein Wandel von Kälte- und Waldsteppen sowie sommergrünen Laubwäldern und Nadelgehölzen in Südosteuropa (Balkan) hin zu immergrünen Eichenwäldern statt. So wurden in der Argolis auf der Pelo-

Abb. 5: Blick von der Athener Akropolis über den Felsen des Areopags und die Agora zum Aigaleos-Gebirge

Abb. 6: Blick von der Athener Akropolis über das Olympieion zum Hymettos-Gebirge

ponnes vor der Bronzezeit (vor 3500 v. Chr.) dichte, laubabwerfende Wälder mit Flaumeichen festgestellt, dann in der Bronzezeit (3./2. Jt. v. Chr.) lichtere Wälder bzw. Macchia mit immergrünen Steineichen und Kiefern, ab 900/800 v. Chr. zunehmend Oliven- und Walnussbäume.[40] Zu den Hartlaubgewächsen der Eichen und Oliven gesellten sich auch immergrüne Sträucher wie Myrte und Oleander, in höheren Lagen insbesondere Kiefern und Zypressen (Abb. 4). Zypressen waren v. a. auf Kreta, Zedern in Syrien und Phönizien verbreitet und wurden dort primär für den Schiffsbau geschlagen (Theophr.hist.plant.4,1,3; 5,7,1).

Wälder waren schon im antiken Griechenland Energieträger und Baustofflieferanten. Die literarischen Informationen darüber beziehen sich insbesondere auf Athen. Attika erfuhr im 7./6. Jh. v. Chr. eine Bevölkerungszunahme, die eine vermehrte Abholzung in den nächstgelegenen Gebirgszügen des Aigaleos und Hymettos (Abb. 5, 6) zur Folge hatte. Auch die weiter entfernten Gebirge des Parnes/Parnass, Kithairon und Pentelikon wurden als Holzlieferanten genutzt. Der Komödiendichter Aristophanes (ca. 445–386 v. Chr.) lässt in seinem Stück «Acharner» Kohlebrenner von Acharnai als Chor auftreten, was auf Holzkohlehandel aus dem Gebiet des Parnass hinweist – beruhend auf Eichen, Ahorn oder Buche. Das Kithairon-Gebirge hat einen Pass mit Namen «Dryoskephalai» (Eichenköpfe; Hdt.9,39), was ebenfalls auf alte Eichenbestände deutet. Tatsächlich berichtet Thukydides (2,75) Ende des 5. Jh. v. Chr., dass im Kithairon Holz gefällt wurde. Das Pentelikon-Gebirge hingegen war v. a. für Marmorabbau bekannt. In den Ebenen gab es zahlreiche Olivenbaumpflanzungen, die gesetzlich geschützt waren (Dem.43,71), zudem aber wohl auch verstreut kleinere Baumgruppen mit Eiche, Tanne und Ulme.[41] Die Zerstörungen, welche die Spartaner während des Peloponnesischen Krieges am attischen Kulturland vornahmen, dürften daher eher Oliven- und Obstbäume als eigentliche Waldstücke mit Bauholz betroffen haben.[42]

Holz wurde aber nicht nur als häuslicher Bau- und Brennstoff verwendet, sondern seit dem 5. Jh. v. Chr. in großem Maße sowohl für den Bergbau als auch für den Schiffsbau eingesetzt. Durch den Aufschwung Athens stieg die Holznachfrage in dieser Zeit beträchtlich. Olive diente als Brennholz und für Werkzeuge, kam für den Haus- und Schiffsbau aber kaum in Frage. Holz war Mangelware und musste über die Häfen der näheren und weiteren Umgebung (Piräus, Eleusis, Korinth, Samos, Knidos) importiert werden (IG II² 1672).[43] Gerade das Schiffsbauholz stammte nur zu einem Teil aus Attika oder dem benachbarten Euböa und wurde insbesondere aus den ergiebigeren Wäldern des nördlichen Makedonien und Thrakien eingeführt (Hdt. 5,23).

Im Jahre 483/2 v. Chr. erfolgte in Athen im Kontext der Perserkriege der Bau einer staatlichen Kriegsflotte mit ca. 200 Schiffen, die auch in Zukunft unterhalten und erneuert werden mussten. In dieser Hinsicht lag das bewaldete Makedonien am nächsten und war für Holzgewinn am attraktivsten. Xenophon (ca. 430–354 v. Chr.) lässt Iason von Pherai, den Gebieter Thessaliens (ca. 380/370 v. Chr.) sagen (hell. 6,1,11): «... sind wir erst im Besitz von Makedonien, von wo gerade auch die Athener ihr Holz beziehen, so wird es uns doch wohl möglich sein, noch weit mehr Schiffe zu bauen als sie.» Wichtig für den Holzhandel war auch die attische Kolonie Amphipolis bei der Mündung des Strymon an der Südküste Thrakiens. Thukydides (4,108) berichtet zum Jahr 424/3 v. Chr., als die Stadt von den Spartanern eingenommen wurde: «Die Wegnahme von Amphipolis war für die Athener ein großer Schreck, zumal die Stadt ihnen nützlich war durch die Lieferung von Schiffsbauholz.»

Einschlägige Informationen zu Schiffsholz liefert insbesondere Theophrast (hist. plant. 5,7,1): «Tanne, Bergföhre und Zeder sind die wesentlichen Schiffsbauhölzer. Triremen (Dreiruderer) und lange Schiffe (Kriegsschiffe) sind aus Tanne gefertigt, weil sie leicht ist, hingegen sind runde Schiffe (Handelsschiffe) aus Föhre gefertigt, weil sie nicht zerfällt. Einige Leute zwar fertigen auch Triremen aus Föhre, weil sie nicht genügend Tannenholz haben, während die Leute in Syrien und Phoinikien Zeder verwenden, weil jene weder Tanne noch Föhre haben. In Zypern verwenden sie ‹Küstenföhre› (*pítys*), welche auf der Insel wächst und von besserer Qualität als Bergföhre (*peúke*) zu sein scheint.» Weißtanne wurde wegen ihres geringen Gewichts am meisten geschätzt; zu finden war sie v. a. in Makedonien, Thrakien und Italien

(Theophr.hist.plant.4,5,5). In Unteritalien und Sizilien gewannen auch die Herrscher Dionysios I. und später Hieron II. von Syrakus große Mengen Holz für ihre umfangreichen Flotten (Diod.14,42,4 f.; Athen.5,206 f. 208 e-f), während Antigonos Monophthalmos von Kleinasien im Jahre 315 v.Chr. zu diesem Zweck den Libanon plünderte (Diod.19,58).

Waldnutzung und Rodung gehörten zu den augenfälligsten Eingriffen der Griechen in die Natur. Dass sich daraus auch Probleme ergaben, zeichnete sich bereits in archaischer Zeit ab. Homer erwähnt reißende Ströme, welche Eichenbäume mitführen (Il.11,492–495). Auch die zerstörerischen Auswirkungen von Waldbränden waren seit früher Zeit bekannt (14,396 f.; 20,490 f.), gingen aber – abgesehen vom Feuer auf Sphakteria 425 v.Chr. (Thuk.3,98; 4,29 f. 34) – selten in die Überlieferung ein. Die negativen Folgen von Waldrodungen auf die Landschaft sind später in erster Linie bei Platon (427–347 v.Chr.) ersichtlich.

Platon kontrastiert in seinem Dialog «Kritias» das Ur-Athen vor 9000 Jahren phantasievoll mit dem zeitgenössischen Zustand und geht dabei auf das Phänomen der Entwaldung und Bodenerosion ein (110c–112e). Durch die menschlichen Eingriffe seien die Erde abgeschwemmt, der Lebensraum von Tieren zerstört, der Wasserhaushalt beeinträchtigt und eine kahle Landschaft herbeigeführt worden. Dies stellt zwar einen Reflex der zeitgenössischen Abholzungen dar, beinhaltet aber keine historische Analyse und lässt gleichzeitig ungebrochene Bewunderung für die Schönheit und Fruchtbarkeit des attischen Landes erkennen. Platon schreibt nicht als Historiker, sondern als Philosoph, und zwar über den idealen Staat, wodurch er zugleich Kritik an der Zeit des athenischen Politikers Perikles (ca. 490–429 v.Chr.) und deren monumentaler Baupolitik übt. Auch wenn der Bericht aitiologische Züge hat und mit Vorsicht zu interpretieren ist, so zeigt er gleichwohl ein Problembewusstsein im Hinblick auf die Umwelt. Aus diesem werden freilich weder Vorwürfe erhoben noch Forderungen für ein anderes Verhalten abgeleitet. Grundsätzliche Kritik an Abholzungen blieb auch in Zukunft aus, da die Rodungen weiterhin als Fortschritt der Zivilisation galten. Dennoch weisen die bei Aristoteles (pol.1321 b 27–30; 1331 b 14–16) erwähnten Forstaufseher darauf hin, dass staatliche Kontrollen beim Waldbau als wichtig erachtet wurden und Ressourcen erhalten werden sollten.

Wie schon bei Platon ersichtlich wird, riefen die Schäden im Wald- und Weideland weder unmittelbare Versorgungskrisen hervor noch handelte es sich um völligen Kahlschlag. Spätere Wiederbewachsungen zeigen, dass die Eingriffe in die Vegetation nicht grundsätzlich irreversibel waren. Je nach Region wird heute in der Naturwissenschaft unterschiedlich beurteilt, inwieweit die Abholzungen zu Überschwemmungen von Flussufern und Verlandungen von Mündungen führten. Trotz der Eingriffe der Menschen hatten Veränderungen in der Bewaldung auch natürliche Ursachen. In vielen Gebieten haben erst spätere natürliche oder menschliche Veränderungen bzw. Rodungen des 19. Jh. den kahlen Zustand der Landschaft bewirkt.[44] Zudem erweist sich die Vorstellung von großflächigen Nadelwäldern vor allem für das südliche Griechenland in der Antike vielfach als trügerisch. Vorherrschend war schon damals Macchia-Bewuchs mit Kiefern und Eichen (Macr.Sat.7,5,9).

5. Gärten

Im Vorderen Orient und in Ägypten befanden sich die bedeutendsten Gärten im Umfeld des Herrscherhauses, wobei Palast und Heiligtum eine Einheit bilden konnten. In Babylon sind die sog. Hängenden Gärten der Semiramis, einer assyrischen Königin um 800 v. Chr., später unter die sieben antiken Weltwunder eingegangen. Diese Gärten sind nicht identifiziert, dürften aber eine Terrassenanlage über gewölbten Substruktionen gebildet haben, wie sie unter Nebukadnezar II. in der ersten Hälfte des 6. Jh. v. Chr. angelegt worden sind. Zudem unterhielten orientalische Herrscher von Mauern umgebene, künstlich angelegte Tierparks, die sog. Paradeisoi. Diese dienten der königlichen Jagd, so dass der König mit der Gottheit Herr über die Natur war, was auch Assoziationen mit dem Garten Eden weckt. Hellenistische Herrscher und römische Aristokraten knüpften später gerne an diese Tradition an.

Abb. 7: Kerameikos-Friedhof in Athen

Im frühen 1. Jahrtausend v. Chr. hatten sich in Griechenland die Stadtstaaten (Poleis) ausgebildet, deren städtische Zentren zwar Raum für Kult- und Versammlungsplätze offen ließen, aber in den Wohnquartieren nur wenig begrünt waren. Außerhalb des eigentlichen Siedlungsraumes befanden sich sakrale Gärten bzw. öffentliche Heilige Haine. Man vermutete traditionell, dass dort göttliche Wesen walteten – sei es eine Gottheit, eine Nymphe oder ein Heros. Beim Heiligen Hain (*álsos*) handelte es sich um einen Ort in freier Natur, mit Baumbestand, Bach, Feld oder Grotte. Er wurde durch ein Kultmal gekennzeichnet und allenfalls mit einer Mauer umfriedet, so dass das abgegrenzte Stück Land «Temenos» genannt wurde. Dieses blieb im Gegensatz zum vorderorientalischen Herrschaftsgarten aber für alle zugänglich. Grundlegend war der gemeinschaftliche religiöse Aspekt, verbunden mit der sich selbst überlassenen Natur und ihren Gefahren. Heilige Haine wurden in diesem Sinne vor unkontrollierten Eingriffen geschützt (Thuk. 3,70,4; Kallim. hymn. 6,24–60). Die der Athena geweihten heiligen Ölbäume in Athen wurden allgemein vor dem Fällen und Ausgraben bewahrt (Lys. 7).

Für die griechischen Poleis sind aber auch schon früh private Nutzgärten in Form von Obst- und Gemüsegärten (*képoi/órchatoi*) bezeugt. Homer (Od.7,112 ff.) schildert einen von Mauern umgebenen Garten beim Palast des Alkinoos, des Herrschers im Phaiakenland, wo alles blüht und kein Mangel herrscht; er umfasst einen Obstgarten mit Apfel-, Birnen-, Feigen- und Olivenbäumen, einen Weingarten und einen Gemüsegarten, war also ohne Schmuck und Blumen auf konkreten Nutzen angelegt und bewässert (Od.7,129). Auch Laërtes, der Vater von Odysseus, pflegte zurückgezogen seinen Garten, in dem Obst- und Olivenbäume, Weintrauben und Gemüse wuchsen (Od.24,244 ff. 340 ff.). In Wirklichkeit blieben Hausgärten in den städtischen Siedlungszentren der Poleis eher selten. Griechische Häuser hatten einen Hof oder ein Peristyl (Säulenumgang) ohne Garten. Gärten befanden sich oft an der Stadtmauer oder bildeten als Vorstadtgärten in Flussnähe einen Grüngürtel um die Stadt. Hier lagen auch die gartenartig gestalteten Gräberfelder wie der Kerameikos in Athen (Abb. 7). Der Beruf des Gärtners ist schon seit dem 5. Jh. v. Chr. bezeugt (Athen.9,372 b–c; Theophr.hist.plant.7,5,2).

Neu angelegt wurden in Athen in spätklassischer und hellenistischer Zeit die Gärten der Philosophen, welche die Stadt bzw. die vorstädtische Umgebung gartenarchitektonisch bereicherten. Darunter fallen Platons Akademie, Aristoteles' Lykeion und Epikurs Kepos – was sich mit «Garten» übersetzen ließe. Theophrast, der Schüler von Aristoteles, hatte einen Garten in der Nähe des Lykeion und schrieb u. a. eine umfassende Pflanzenkunde (*De causis plantarum*; Diog.Laert.5,46. 51 ff.). Diese «Bildungsgärten» befanden sich in privater Hand und dienten für philosophische und sportliche Erziehung. Sie verkörperten eine Verbindung von Parkanlage, Heiligtum und Sportanlage und verfügten über entsprechende Gebäude wie Gymnasien und Palästren (Höfe für Ringkämpfe) als Trainingsstätten, Spazierwege, Statuen und Heilige Haine (z. B. für Heros Akademos) bzw. Heiligtümer (z. B. für Apollon Lykeios) – im Falle von Theophrasts Garten handelte es sich um einen Altar für die Musen.

In hellenistischer Zeit wurden in den neu gegründeten Städten vermehrt parkartige Grünflächen und Haine angelegt, wie z. B.

in Antiochia (Daphne) und Alexandria (Garten des Museion etc.; Strab.17,1,8–10). Auch der Paradeisos wurde von hellenistischen Herrschern übernommen, nachdem Alexander d. Gr. ab 334 v. Chr. den Vorderen Orient erobert und unter makedonische Herrschaft gestellt hatte (Plut.Demetr.50). Berühmt waren darüber hinaus die Palastgärten, wie sie nicht nur in Alexandria, sondern etwa auch in Syrakus von Hieron II. unterhalten wurden. Die Stadtbewohner erlebten dadurch einerseits neuen Prunk und erhielten andererseits im Rahmen zunehmender Urbanisierung die Natur in neuer Form vorgeführt.

6. Tiere

Tiere bildeten in der Antike einen Bestandteil der Lebensmittelversorgung, dienten somit als Nahrungslieferanten (Rinder, Ziegen, Schweine, Rotwild, Schafe, Geflügel, Vögel, Fische), aber auch als Rohstofflieferanten für Wolle, Leder und Pelz oder als Beförderungs- und Transportmittel, gerade auch im Krieg (Pferde, Maultiere, Ochsen, Elefanten, Kamele). Tiere waren also Begleiter, Diener und Wächter der Menschen, zugleich deren Unterhaltungsmittel und Prestigeobjekte für Tierschauen und Jagden. Schließlich fungierten sie als Opfergaben an die Götter, deren Willen durch die Vogelbeobachtung bzw. die römischen Auspizien und die Eingeweideschau erkundet wurde.

Tierhaltung bildete das Fundament der bäuerlichen Existenz. Im frühen Griechenland gab der Tierbestand zunächst den größeren Ausschlag für Reichtum als Landbesitz.[45] Die größte wirtschaftliche Bedeutung hatte das Rind als Arbeitstier, Fleisch- und Lederlieferant. Die zahlreich gehaltenen Schafe lieferten Milch und Wolle. Neben dem Getreide bildete das Fleisch von Schafen, Ziegen und Schweinen eine Basis der Ernährung. Hunde waren Beschützer und Begleiter, insbesondere auf der Jagd; das enge Verhältnis zwischen ihnen und ihren Herren kommt z.T. auch auf deren Grabstelen bildnerisch zum Ausdruck.

Im Umgang mit Tieren sind in Griechenland zwei verschiedene Grundhaltungen festzustellen. Einerseits wurden die Tiere als Inkarnation der Natur verehrt, andererseits galten die Tiere als feindselige Gegner und wurden als Bedrohung der Natur bekämpft. Tiere spielten aber auch eine Vermittlerrolle zwischen Göttern und Menschen, etwa bei den Opfern; Fett und Eingeweide wurden auf Altären verbrannt, das Fleisch gegessen. Tiere galten als ständige Begleiter und Interpreten der Götter und konnten auch Bedeutung als Symbole haben, wie etwa in den Sternenbildern des Tierkreises (Zodiakos) und ihrer Zuordnung zu einzelnen Göttern zum Ausdruck kommt.

Im Vorderen Orient waren viele Götter in Tierform verehrt worden. Tiere wurden zugleich zu Attributen der Götter, insbesondere Hirsch, Stier, Panther und Löwe. In Ägypten gab es Götter in tierischen Erscheinungsformen, also Tiergottheiten wie den Reichsgott Amun als Widder, den Fruchtbarkeitsgott Apis als Stier, die Fruchtbarkeitsgöttin Hathor und Isis als Kuh. Götter wurden oft mit menschlichem Körper und Tierkopf dargestellt; so besitzt etwa die sitzende Göttin Sachmet (die «Mächtigste») von Memphis einen Löwenkopf, was ihre unbändige Natur und Unberechenbarkeit zum Ausdruck bringt. Tiere galten schon hier als Mittler zwischen Menschen und Göttern. Zwischen Mensch und Tier bestand eine Partnerschaft, da beide vom Schöpfergott stammen, so dass nur dieser Herr der Tiere sein kann. Verstorbene Tiere wurden wie menschliche Verstorbene behandelt; sie treten als Osiris in das Wesen des Gottes ein, wodurch ein religiöser Schutz entsteht.

Im Alten Testament wird die Darstellung des Göttlichen in Tiergestalt dagegen abgelehnt. Im Exodus (2. Mose 32) wird das von Aaron geschaffene Goldene Kalb von den Israeliten angebetet, woraufhin diese bestraft werden. Zwischen Mensch und Tier besteht eine deutliche Trennung; zudem gibt es eine Aufteilung in reine und unreine Tiere. Blut darf nicht eingenommen werden, da in ihm die Seele wohnt. Dennoch gilt das Tier als Geschöpf Gottes, das dem Menschen am nächsten steht.

In Griechenland hatten die Götter anthropomorphe Gestalt; dennoch gibt es den bocksbeinigen Pan oder den Poseidon-Sohn Triton mit Schlangen- oder Pferdekörper. Tiere fungierten als Attribute der Götter: Der Adler wurde Zeus zugeordnet, die Eule der Athena, der Widder dem Hermes, Hund und Schlange dem Asklepios. Tiere waren damit Stellvertreter, welche die göttliche Macht vermittelten. Artemis galt als Herrin und Beschützerin der Tiere (*pótnia therón*) und der Jagd. In den griechischen Mythen verwandeln Götter sich selbst oder Menschen in Tiere: Zeus wird zu einem Schwan oder einem Stier; Aktaion wird von Aphrodite in einen Hirsch verwandelt und von seinen Hunden zerfleischt.

Zudem begegnen zahlreiche Mischwesen: Kentauren, Sirenen, Greifen, Gorgonen (Medusa), Phönixe, Sphingen; die feuerspeiende Chimaira vereint mit ihrem Löwenkopf, dem Ziegenkopf auf dem Rücken und dem Schlangenschwanz unheilvolle Kräfte dreier Tiere. Solche bedrohlichen Monster der wilden Natur werden im Mythos von Helden überwunden: Herakles besiegt den Nemeischen Löwen, Theseus den Minotauros. Das Fell des erlegten Löwen wird zur Trophäe des Herakles und verleiht ihm Kraft. Der Löwe versinnbildlicht Tapferkeit, Wildheit, Herrschaft und hatte als steinerner Wächter auf Gräbern apotropäische, also Unheil abwendende Funktion. In Wirklichkeit wurde er in Griechenland – wie etwa auch der Leopard und die Hyäne – bis zur Zeitenwende ausgerottet.[46]

Abbildungen von Tieren treten in Griechenland früher auf als Menschendarstellungen. Kleine bronzene Pferde gibt es seit dem 10. Jh. v. Chr., wobei ihr walzenförmiger Körper und die breiten Schenkel die Schnelligkeit der Beine betonen. Das Pferd, das schon in mykenischer Zeit (16.–11. Jh. v. Chr.) verwendet wurde, war ein Prestigeobjekt und verkörperte Reichtum und Adel. Es konnte für Feldzüge und für die Jagd eingesetzt werden. Wagengespanne dienten sowohl für den Krieg als auch für den Sport. Hirsche und Vögel treten seit dem 8. Jh. v. Chr. auf, anschließend folgen auch Tierkampfbilder. Der Widder dient als Wächter und symbolisiert zugleich Angriffslust und Widerstand.

Tiere wie Löwe, Eber, Stier, Wolf sowie Bienen und Vögel treten schon seit Homer in Gleichnissen auf und sind seit dem 6. Jh. v. Chr. in Fabeln – v. a. des Äsop – mit den ihnen zugeschriebenen menschlichen Eigenschaften präsent: als störrischer Esel, verschlagener Fuchs, feiger Hase, treuer und dreister Hund, mutiger Löwe, dummes Schaf, heimtückische Schlange, schmutziges Schwein, gefährlicher Wolf. Sie sind der Maßstab für menschliches Verhalten und ethische Orientierung. Tierchöre begegnen in Komödien wie Aristophanes' «Fröschen», «Wespen», «Vögeln» und schaffen eine kritische Distanz zur menschlichen Gemeinschaft.

Die Zoologie als Wissenschaft vom Tier wurde erst durch Aristoteles im 4. Jh. v. Chr. begründet (part.an.645 a 6). Dieser erwähnt über 550 Tierarten, wobei er Blutführende und Blutlose unterscheidet. Tiere seien aber ohne Vernunft (*lógos*) und Glaube, so dass es im Umgang mit ihnen auch keiner Gerechtigkeit bedürfe. Indem Aristoteles die Überlegenheit des Menschen über das Tier propagiert (pol. 1254 b 10 ff.; 1256 b 15 ff.), wurde dieses zu einem Objekt der Ausbeutung. Die Stoiker leiteten im 3. Jh. v. Chr. ein Naturrecht ab, demzufolge das Tier bloßes Instinktwesen sei und sich durch entsprechendes Verhalten kennzeichne. Tiere seien vernunftlos und für den Menschen geschaffen, der aufgrund seines *lógos* das Verfügungsrecht über sie besitze.

Dennoch gab es auch schon früh Kritik am Anthropozentrismus. Diese ging davon aus, dass Tiere von Natur aus gegenüber dem Menschen bevorteilt seien. Tierschonung und Vegetarismus reichen zumindest bis zu den Pythagoreern zurück, die an die Seelenwanderung glaubten und Blutvergießen vermeiden wollten (Ov.met. 15,463–469). Aristoteles' Schüler Theophrast empfahl im 4. Jh. v. Chr. die Schonung von Tieren aus ethischen Gründen und äußerte Kritik an blutigen Opfern (Porphyr.abst. 2,5 ff. 20 ff.). Dennoch wurde mehrheitlich davon ausgegangen, dass der Mensch gegenüber Tieren ohne moralische Verpflichtung sei, was Eingriffe in Populationen rechtfertigte und sich später auch auf Rom und das Christentum auswirkte.

7. Ernährung

Grundlagen

Bei der Ernährung liegt in der Antike ein direkter Bezug zu Umwelt und Natur auf der Hand. Die Nahrung wurde schon damals mit dem Wohlbefinden der Menschen in Beziehung gesetzt und fand entsprechenden Niederschlag in der medizinischen Literatur. Im Corpus Hippocraticum – einer Sammlung medizinischer Texte des 5.–3. Jh. v. Chr. – gibt es eine Schrift über die Diät, die sich insgesamt mit der richtigen Lebensführung befasst und dabei auch auf die Nahrung eingeht; Grundbedingung ist dabei, das dem Menschen Zuträgliche zu kennen:

> «Das muss der Schriftsteller also kennen, ferner muss er aber auch wissen, welche Wirkung ein jedes Einzelne von all den Speisen und den Getränken hat, welche wir täglich zu uns nehmen, mag diese Wirkung nun von Natur vorhanden sein oder durch einen Zwang oder die menschliche Kunst herbeigeführt sein. ... man muss auch das richtige Verhältnis der körperlichen Übungen kennen gegenüber der Menge der Speisen, der menschlichen Natur, dem Alter des Körpers, den Jahreszeiten, den Veränderungen der Winde, der Lage der Örtlichkeiten, wo man sein Leben zubringt, und der Witterungsgestaltung des Jahres. ... denn wenn man bei diesen Dingen für jede einzelne Natur das Maß der Speise und die entsprechende Zahl der Leibesübungen finden könnte, ... so hätte man für die Menschen genau die Gesundheit gefunden» (Hippokr. vict. 2).

Der Althistoriker P. Garnsey unterscheidet hinsichtlich der Ernährungslage im Altertum eine als endemisch erachtete Lebensmittelknappheit («food crisis») und die – nur vereinzelt aufgetretene – Hungerkatastrophe («famine»).[47] Ferner legt er dar, dass bei Nahrungsmittelengpässen und Notsituationen jeweils auch eine chronische Falsch- oder Unterernährung in Rechnung gestellt werden muss. Die Annahme, dass der Gesundheitszustand der Bevölkerung in griechisch-römischer Zeit im Allgemeinen gut gewesen sei, wird dadurch grundsätzlich relativiert. Garnsey weist dementsprechend auf Krankheiten hin, die durch ungenügende Ernährung bzw. Vitaminmangel verursacht waren, wie Blasenstein, Augenleiden, Rachitis.[48] Zu beachten ist auch die vom römischen Arzt Galen (129–ca. 216 n. Chr.) erwähnte Hungernahrung, die in Notzeiten die Lebensmittel ersetzen oder «strecken» konnte.[49] Von schlechter Ernährung betroffen waren insbesondere Kinder und Frauen; die Stadtbevölkerung war insgesamt gegenüber der Landbevölkerung benachteiligt.

In Griechenland hatte das Gemeinschaftsmahl der Männer eine lange Tradition und gehörte auch in einen kultischen Rahmen. Frauen waren im Gegensatz zu Rom davon ausgeschlossen. Das Essen (*deípnon*) hatte vorbereitenden rituellen Charakter, während das anschließende Trinkgelage (*sympósion*) im Zentrum stand. Privathäuser waren in der Regel mit einem Speiseraum (*ándron*) ausgestattet, in dem man sich auf Klinen lagern konnte. Besonders gut ersichtlich ist das bei den sog. Typenhäusern im Piräus oder in Kolophon und Olynth. Das bekannteste Symposion ist wohl dasjenige, das Platon in seinem gleichnamigen Dialog festgehalten hat; es fand angeblich im Jahre 416 v. Chr. im Haus des athenischen Tragikers Agathon statt, der einen Sieg im Tragödienwettbewerb zu feiern hatte. Dabei wurden Lobreden auf Eros gehalten und im Laufe der Zeit – trotz gegenteiliger Vorsätze – größere Mengen Wein getrunken, den einzig Sokrates ohne Schlaf überstand, so dass er sich im Morgengrauen wieder an sein Tagewerk machte.

Im Vorfeld eines Symposions pflegten Gastgeber die Namen der Teilnehmer mit Datum und Zeitangabe auf Wachstäfelchen aufzuschreiben, die den Gästen dann von einem Sklaven überbracht wurden. Beginn des Gelages war um die neunte Stunde, die Teilnehmerzahl auf ungefähr neun Gäste festgelegt. Frauen waren zwar ausgeschlossen, Hetären zur Unterhaltung aber zugelassen. Trotzdem galt ein spezieller Sittenkanon, der vom Symposionarchen – oft ein durch Würfeln ausgewählter Gast – überwacht wurde und Vorschriften über das Mischen des Weines, Gefäßgrößen, die Art der Unterhaltung etc. enthielt. Das Symposion begann, nachdem das Essen abgeräumt worden war. Zunächst wurden Blumenranken verteilt, ein Trankopfer (Libation) vorgenommen, eine Hymne für die Götter gesungen, dann das Trinkgelage eröffnet und Wein aufgetragen.[50] Dazu gab es gelegentlich kleinere Speisen bzw. Nachspeisen: Backwerk, Honig, Nüsse, Käse, Früchte.

Grundnahrungsmittel waren in Griechenland neben dem (Rot-) Wein Getreide und Olivenöl. In Attika gab es zwar viele Olivenbäume, aber kaum ausreichend Getreide. Da der Boden leicht war und eine geringe Tiefe aufwies, wurde darauf vorwiegend Gerste angebaut, die nur halb so nahrhaft wie Weizen ist. Wie schon im Zusammenhang mit der Landwirtschaft angesprochen, waren aufgrund der Knappheit stets Importe nötig, die v. a. aus dem Gebiet des Schwarzen Meeres stammten. Durch die athenische Herrschaft im ägäischen Raum konnte die prekäre Selbstversorgung in klassischer Zeit weitgehend kompensiert werden, wobei zahlreiche Güter (z. B. gepökelter Fisch) importiert bzw. gegen Öl und Honig getauscht wurden.

Über die Ernährung in Sparta gibt Plutarch (Lyk.12) Aufschluss, der allerdings erst in der römischen Kaiserzeit schrieb (ca. 45–vor 125 n. Chr.); da er durch einen Bericht aus der Zeit um 300 v. Chr. gestützt wird (Athen.4,141 c), können seine Angaben mit Vorsicht auch für das frühere Sparta verwendet werden:

> «Sie kamen zu fünfzehn – oder auch einige mehr oder weniger – zusammen. Jeder Tischgenosse lieferte monatlich einen Scheffel Gerstenmehl, acht Maß Wein, fünf Minen Käse, zweieinhalb Minen Feigen und dazu für die Zukost eine geringe Summe Geldes. Ferner schickte, wer geopfert oder etwas gejagt hatte, der Tischgenossenschaft (*syssítion*) einen Anteil. Denn es war erlaubt, zu Hause zu essen, wenn jemand opferte oder spät von der Jagd heimkam, die anderen aber mussten zur Stelle sein.»

Ein Scheffel ergibt ca. 74,5 Liter Mehl (bzw. 68 kg Brot), acht Maß Wein entsprechen ca. 37,2 Litern, fünf Minen Käse ca. drei Kilogramm. Pro Tag ergibt das also fast 2,5 Liter Gerste und 1,25 Liter Wein. Daraus kann zwar ein üppiges Tagestotal von wohl über 6000 kcal abgeleitet werden, über dessen Zuteilung wir allerdings nichts wissen. Jedenfalls erscheint auch hier das Getreide als

Grundnahrungsmittel, während Fleisch offenbar als Mangelware galt und von der berüchtigten Blutsuppe keine Rede ist; zentrales Prinzip blieb die Selbstversorgung, die auch nach dem Verlust der Ländereien in Messenien (369 v. Chr.) aufrechterhalten wurde.[51]

Symbolik der Nahrung: Bohne und Fisch

Neben dem sozialen Aspekt müssen auch der symbolische Gehalt der Nahrung und Nahrungstabus berücksichtigt werden; besonders aufschlussreich sind die Bohne und der Fisch. Die wichtigste Bohnenart der Antike war die kleinkörnige Ackerbohne (*vicia faba*), u.a. auch Feld-, Sau- oder Pferdebohne genannt. Sie wurde häufig als Brei zubereitet, aber auch in Salaten, Gemüsegerichten und Eintöpfen verwendet. Die Bohne war leicht lagerbar, nahrhaft und bot eine Ergänzung zum Getreide. Da sie proteinreich war, wurde sie später auch ein wichtiges Nahrungsmittel für Gladiatoren. Schließlich war sie ein Ersatz für Fleisch und damit ein Essen für ärmere Leute.

Symbolisch wies die Bohne positive und negative Aspekte auf. Sie war zwar nährstoffreich, hatte aber auch einen zerstörerischen Aspekt, denn sie führte zu Blähungen, Durchfall, Magenkrämpfen, Schwächeanfällen, Schlaflosigkeit, Verwirrung und war z. T. tödlich. Das Bohnengift konnte zu Favismus, einer Blutkrankheit (hämolytische Anämie), führen. Auf dem Gebiet der religiösen Symbolik verkörperte die Bohne die Antithese zu den Gewürzen, welche die Nahrung der Götter darstellten und dem Goldenen Zeitalter entsprachen.

Aus diesem Grund begegnet die Bohne auch als Nahrungstabu. Die Orphiker und die Pythagoreer kannten ein Verbot der Bohne, das die Neupythagoreer in hellenistischer und römischer Zeit fortsetzten. Auch an Festen der Getreidegöttin Demeter war die Bohne verboten (Paus. 8,15,3). Die Orphiker glaubten an die Seelenwanderung, bei der die Seele von einem Lebewesen in ein anderes übergeht; zwischenzeitlich befindet sie sich im Hades und muss einen Zyklus von Reinkarnationen durchlaufen, um die endgültige Befreiung aus dem menschlichen Körper zu erreichen. Dazu ist das

Einhalten von asketischen Regeln nötig, nämlich Fleischverzicht und Bohnenverbot. Die Lehre von der Seelenwanderung wurde im späteren 6. Jh. v. Chr. auch von dem Philosophen Pythagoras vertreten, der das Konzept der Seele zu einem Dogma fasste.

Aus dieser Sicht dient die Bohne als Stütze und Leiter für Seelen, wenn diese vom Hades zum Licht des Tages zurückkehren; der «knotenlose» Stengel versinnbildlicht den Übergang von der Oberwelt zur Unterwelt und schafft die Verbindung zwischen der Welt der Toten im Hades und der Welt der Lebenden (D/K 58 C 3 = frg. 99 M). Eigentlicher Grund für das Bohnenverbot war, dass die Bohne mit dem Fleisch gleichgesetzt wurde, für das ebenfalls ein Verbot bestand. Da die Pythagoreer die Bohne als eine Erscheinung aus Fleisch und Blut erachteten, war die Befolgung des Nahrungstabus im Hinblick auf die Reinkarnation unabdingbar. Als Vegetarier bildeten die Pythagoreer in der Antike aber eine Ausnahme und erreichten keine Breitenwirkung. Das Image der Bohne hatte wenig Auswirkungen auf deren Verzehr. Vorschriften bestanden nur in einem engen Kreis von Philosophen oder in speziellen religiösen Vereinigungen. Für diese Vegetarier bedeuteten Fleischverzehr und Blutopfer Mord.

Der Fisch wurde ebenfalls als ein zwiespältiges, stark gegensätzliches Wesen betrachtet. Aufgrund seiner negativen Konnotation wurde er teilweise mit Abscheu und einem Essverbot behaftet. Die Pythagoreer kannten ein Verbot für den Verzehr von Seebarben (Diog. Laert. 8,33 f.). Trotzdem wurde Fisch relativ häufig gegessen, wenn auch nicht unbedingt als Hauptnahrungsmittel. Anatomisch war er für die antiken Menschen schwer zu klassifizieren. Gemäß Anaximander von Milet (ca. 610–545 v. Chr.) waren die Lebewesen aus dem Feuchten entstanden, der Mensch jedoch in einem Fisch – einem glatten Hai –, da er lange Betreuung braucht (D/K 12 A 11. 30 = frg. 28. 26 M). Bedrohlich war, dass gewisse Fische auch Menschen fressen konnten. Der Fisch stammte aus dem Meer als gefährlicher Gegenwelt, die sich gegen die Menschen wenden kann. Das Meer galt zudem als arm, da der Reichtum vom Land bzw. Ackerbau kam. Der Fischer war der klassische Ausdruck für ein Leben in Armut: Er beschäftigte sich nicht mit den üblichen, angebauten Nahrungsmitteln, sondern musste Jagen und Sammeln

– wobei ein Kilo Fisch nur zwei Drittel der Kalorien eines Kilos Getreide enthält.

Der Fisch galt hingegen auch als Symbol des Glücks, wie etwa die Wiederkehr des ins Meer geworfenen Ringes des Polykrates von Samos zeigt (Hdt.3,41 ff.). Der Fischer war somit Sinnbild für die Abhängigkeit vom Glück, das an das Meer gebunden ist. Eine eigentliche Vorliebe für Fisch entwickelte sich nur in der Oberschicht. In römischer Zeit legten sich Aristokraten auf ihren Anwesen Fischbecken an (*piscinae/vivaria*) und kümmerten sich selbst um die Fische. Diese wurden zu einem Ausdruck exquisiten Lebensstils. Auch Antonius und Kleopatra gingen fischen (Plut. Ant.29). Der Ausblick einer Villa auf Gewässer mit Fischerleuten wurde hoch geschätzt. Der Fisch war also einerseits unverzichtbar, besonders in Zeiten der Knappheit von Ressourcen, andererseits ein Symbol für Überfluss und Kultiviertheit.

Der Fisch wurde schließlich auch zum Sinnbild für Jesus Christus, wobei das griechische Wort für Fisch, *ichthys*, als Akronym aus den Anfangsbuchstaben gebildet, für *Iesous Christos Theou Hyios Soter* (Jesus Christus, Sohn Gottes, Retter) stand. Galiläische Fischer sollten Menschenfischer werden (Matth.4,19; Mark.1,16 f.), die Taufe galt als Fischfang, nämlich als Rettung der Gläubigen aus dem Meer der Welt. Die Teilung von Fisch erhielt eucharistische Bedeutung: Beim Abendmahl war der Fisch wie das Brot Symbol für den Leib Christi.

8. Feuer und Wasser

Mythos

Die antiken Mythen erklärten irdische und überirdische Phänomene und Zustände, boten also eine Orientierungs- und Daseinshilfe. Dementsprechend gab es auch Erklärungsmodelle für das Feuer und den kultischen Umgang mit ihm sowie für das Opferfeuer. Im griechischen Mythos galt Prometheus als Feuerbringer.

Er stammte aus dem alten Göttergeschlecht der Titanen, die auf Uranos (Himmel) und Gaia (Erde) zurückgingen, aber einst im Kampf mit den olympischen Göttern unter Führung des Zeus unterlegen waren. Prometheus war ein Symbol für Aufstand und Rebellion – ein Vorkämpfer der Menschheit gegen Feindseligkeiten der Götter. Der «Vorausdenkende», wie sein Name zu übersetzen ist, wurde zum Schöpfer der Menschen und Erlöser in Form des Feuerbringers. Damit galt er auch als Gott der Handwerker und Erfinder aller Künste.

Nachdem Prometheus das Menschengeschlecht aus Ton geschaffen hatte, wollte Zeus die zerbrechlichen Menschen vernichten und neue schaffen. Zeus versuchte, die Menschen auszuhungern, indem er die besten Teile der Nahrung als Opfer verlangte. Prometheus zerlegte daraufhin einen Ochsen in essbare und nicht essbare Teile, Fleisch und Knochen. Er tarnte die beiden Teile und versuchte, Zeus zur Wahl der Knochen zu überlisten. Dieser durchschaute die List und plante Rache. Er überließ den Menschen das Fleisch, während sich die Götter mit dem Rauch der Knochen beim Opfer begnügten. Deshalb brauchen die Menschen Fleisch, haben Hunger und sind entsprechend abhängig, vergänglich bzw. sterblich; die Götter sind unabhängig, bedürfnislos und unsterblich. Der Mythos erklärt und begründet das Opfer durch die Trennung der Menschen von den Göttern, wobei diese Trennung durch das Opfer aber auch überwunden wird.

Da der erzürnte Zeus den Menschen das Feuer vorenthalten wollte, brachte es Prometheus heimlich auf die Erde. Dazu trug er Holzkohle in einem Narthexstengel (Riesenfenchel) vom Olymp herab, wo er es vom Himmel bzw. Sonnenwagen genommen hatte – gemäß einer anderen Version stammte es aus der Schmiede des Hephaistos als Gott des Feuers. Damit bekamen die Menschen ein künstliches, technisches Feuer, das unablässig unterhalten werden muss – im Gegensatz zum Blitzstrahl des Zeus, mit dem dieser ins Weltgeschehen eingreift. Das Feuer unterscheidet die Menschen von den Tieren, da sie ohne Feuer Fleisch roh essen müssten. Es schafft darüber hinaus den Kontakt mit den Göttern, die Menschen müssen aber zugleich die Überlegenheit der Götter anerkennen.

Der wütende Zeus ließ den unsterblichen Prometheus fangen und an einen Felsen des Okeanos schmieden. Zeus' Adler fraß täglich von seiner Leber. Im Mythos folgt schließlich die Errettung: Herakles tötet den Adler und befreit Prometheus. Die Götter erweisen sich in der Folge als grausam gegen die Menschen. Zeus befiehlt Hephaistos, die erste Frau zu schaffen, Pandora, die «Allbeschenkte», und übergibt ihr ein Kästchen, in dem sich alle Übel befinden. Als sie auf die Erde hinabsteigt und es dort öffnet, entfliehen Leiden und Laster, welche die Menschheit erfassen (Hes. theog. 571 ff.; erg. 60 ff.).

Parallel zur mythischen Erklärung wurde das Feuer seit alters auch kultisch verehrt, nämlich über Hestia als Göttin des Herdfeuers und des Familienherdes bzw. der Häuslichkeit. Die Erfinderin des Hausbaus schützt in jedem Gebäude die um Unterkunft Bittenden, bringt persönliche Sicherheit und Glück; ihr Feuer ist heilig. Der häusliche Herd bildete Zentrum und Kultplatz der Familie; er war gleichzeitig ein Altar mit Holzkohlefeuer, an dem vor jedem Essen ein Opfer dargebracht wurde. Daneben gab es aber auch einen Staatsherd im Ratsgebäude der Stadt (Prytaneion). Hestia war die Schwester des Zeus und als einzige olympische Gottheit nie an Krieg und Streit beteiligt, somit die mildeste, wohltätigste und gerechteste aller Olympier. Sie blieb unter Schwur bei Zeus jungfräulich und verlangte dasselbe von ihren Priesterinnen, um der Vorstellung von Reinheit und Überwindung der Materie zu entsprechen. Damit fehlt der negative Aspekt des Zerstörerischen oder des Fegefeuers, so dass der Feuertod als befreiend gelten konnte und Brandbestattungen rechtfertigte. Trotz seiner bedrohlichen Auswirkungen wurde das Feuer insgesamt als Zentrum der Gemeinschaft und reinigender Kulturbringer erachtet.

Demgegenüber gehörte die Sonne bei den Griechen nicht zu den kultisch verehrten Erscheinungen, so dass auch keine Sonnenanbetung erfolgte. Vielmehr herrschte die Vorstellung von Helios als Lenker des Feuerwagens. Dieser war anfänglich ein kultloses Wesen. Erst im Laufe der Zeit erlangte er eine bedeutende Stellung als Beweger und Lenker. Demzufolge entstand auch erst im Hellenismus ab dem 3. Jh. v. Chr. ein Helioskult.

Wie das Feuer war auch das Wasser ein lebensspendendes und reinigendes Element, das in kultische Handlungen einbezogen wurde. Okeanos, das Weltmeer, verkörperte eine der Urmächte, aus dem die Götter entstanden waren. Die daraus hervorgegangenen Meeresgötter Poseidon und Amphitrite wurden von den Griechen kultisch verehrt. Gewässer und Brunnen wurden generell mit göttlichen Wesen wie Flussgöttern und Nymphen in Verbindung gebracht, denen man Heiligtümer und Kultfeste einrichtete. Unter den Nymphen gab es die Nereiden im Meer und die Najaden an den Quellen. Daneben figurierte aber auch der gefährliche Styx als Fluss der Unterwelt. Sintfluten hatten im Mythos einst fast alles Leben ausgelöscht, mit dem überlebenden Deukalion aber auch eine neue Entwicklung ermöglicht und zur Zivilisation geführt. Der Mythos lieferte also Erklärungen für zyklische Erscheinungen und prozesshafte Veränderungen in der Natur. Hingegen wurde daraus nie ein gezielter Schutz von Gewässern abgeleitet.

Naturwissenschaft: Vier Elemente

Die Griechen entwickelten neben dem Mythos auch die Naturwissenschaft und Philosophie, die rationale Erklärungen für die Naturphänomene suchten. Dabei entstand die Lehre von den vier Elementen (Feuer, Erde, Luft, Wasser), aus der sich angeblich die ganze Erde zusammensetzt. Sowohl das Wasser als auch das Feuer und die Luft galten als Urstoff, aus dem sich alle Dinge entwickelten. Auch die Sonne war in der Sicht des Empedokles von Agrigent (ca. 495–435 v. Chr.) eine mächtige Ansammlung von Feuer (D/K 31 A 49 = frg.43 M). Etwa gleichzeitig behauptete Anaxagoras von Klazomenai (ca. 500–428 v. Chr.), die Sonne sei ein glühender Stein (D/K 59 A 42 = frg.48 M).

Gemäß Anaximander (ca. 610–545 v. Chr.), der den Weltstoff für unbestimmt (*ápeiron*) hielt, waren die Lebewesen aus dem Feuchten entstanden (D/K 12 A 30 = frg.26 M). In der Darstellung des Empedokles sind die vier Elemente Wasser, Luft, Feuer und Erde ewig und treten jeweils in unterschiedlichen Vermengungen bzw. Aggregatszuständen auf; die Erde habe einzelne Glieder, wie

Köpfe, Arme und Augen, aus Wasser und Feuer hervorgebracht, die sich zu menschlichen Körpern vereinigten (D/K 31 B 57. 62 = frg.89. 95 M). Auch im medizinischen Diskurs begannen die vier Elemente, in Verbindung mit den vier Säften (Blut, gelbe Galle, schwarze Galle, Schleim), eine zentrale Rolle zu spielen; eine Störung des Gleichgewichts der Grundelemente rufe im Körper Krankheiten hervor (Hippokr.nat.hom.1,1; 4,1–3). Falls die durch das Feuer im Blut gebildete Hitze zu groß wird, zerfällt das Blut und lässt das Wasser in Form von Schweiß heraustreten; bei verminderter Hitze tritt Schlaf ein, bei Verlust des Feuers Kälte und Tod (Hippokr.morb.sacr.7,13 f.; flat.14,2). Der Schilderung des Mythos, in dem Prometheus den Menschen aus Lehm formte und Athena ihm Leben einhauchte, standen jetzt naturgesetzliche Erklärungen gegenüber.

Während der Okeanos bei Homer (Il.18,607 f.) noch als ringförmig um die Erdscheibe strömender Fluss gegolten hatte, herrschte später die Vorstellung, dass das Meer die Landmassen trägt und alle Gewässer durchdringt. Thales von Milet (ca. 625–545 v. Chr.), der als «Ahnherr» der Philosophie (Aristoteles) als erster die Welt vernunftmäßig zu erklären versuchte, betrachtete das Wasser als Urgrund der Dinge; die Welt habe sich aus einem ursprünglichen Zustand entwickelt, in dem es nur Wasser gegeben habe; auch die Erde schwimme darauf als Scheibe (D/K 11 A 12 = frg.10 M). Neben der Vorstellung von einem unterirdischen Wasserkreislauf (Platon) etablierte sich das Modell des atmosphärischen Wasserkreislaufes (Xenophanes, Empedokles, Anaxagoras), wobei Aristoteles in seiner Meteorologie die Theorie der Verdunstung, Kondensation und Wolkenbildung entwickelte. Das Wasser war nicht nur Urelement, sondern bildete die Voraussetzung jeglichen Lebens. Da im südlichen Europa auch in der Antike chronischer Wassermangel herrschte, musste es schon früh künstlich gefasst und zugeleitet werden.

Wasserbau und Wasservergiftung

Im Bereich der Wasserversorgung sind im antiken Griechenland wesentliche Errungenschaften zu verzeichnen. Trinkwasser wurde grundsätzlich aus Quellfassungen und Brunnen (*krénai*) gewonnen. Diese wurden nicht nur von Grundwasser, sondern auch von künstlich zugeführtem Wasser gespeist. Für die Versorgung einer Stadt waren zudem Zisternen unerlässlich (Aristot.pol.1330b 5 ff.). Fernwasser und Regenwasser wurden sowohl in privaten als auch in größeren öffentlichen Zisternen gespeichert.

In griechischen Städten sind schon in archaischer Zeit Frisch- und Abwasserkanäle zu finden. In der zweiten Hälfte des 6. Jh. v. Chr. wurde ein eigentlicher Durchbruch im Wasserbau erzielt. Samos errichtete eine zwei Kilometer lange Leitung ins Stadtgebiet, die durch einen Tunnel von einem Kilometer Länge führte (Eupalinos-Tunnel). Athen besaß ein archaisches Leitungsnetz aus Tonrohren, verbunden mit einem Brunnenhaus auf der Agora. Themistokles, der v. a. während der Perserkriege als Politiker und Feldherr Ruhm erlangte, fungierte zu Beginn des 5. Jh. v. Chr. auch als Aufseher über die Wasserleitungen (Plut.Them.31).

Um 400 v. Chr. kamen zudem Druckwasserleitungen mit Tonrohren auf, wie das Beispiel von Olynth zeigt. Ein weiterer technischer Höhepunkt ist in späterer Zeit in Pergamon zu verfolgen, wo um 260 v. Chr. eine Hochdruckleitung mit Ton- und Bleirohren in Kombination mit Aquädukten für die Versorgung des Burgberges errichtet wurde. Spezielle Beamte (*Astynomoi*) sorgten dafür, dass die Zisternen ordentlich unterhalten wurden und die Stadtbewohner die an ihre Häuser angrenzenden Straßen sauber hielten (SEG XIII 521 = OGIS 483).[52]

Verschmutzung war in den Städten dennoch an der Tagesordnung, so dass in Athen schließlich der Fluss Eridanos erheblich verseucht war (Strab.9,1,19). In hellenistischer Zeit trat offenbar auch schon das Problem der Flussvergiftung auf; jedenfalls wird eine Massenvergiftung durch Nilwasser mit vielen Toten verzeichnet (Athen.2,42a). Von einer feindlichen Brunnenvergiftung in Athen berichtet Thukydides (2,48,2) im Rahmen des Peloponnesischen Krieges, während die Athener selbst zur Zerstörung der Wasserleitungen des belagerten Syrakus griffen (6,100,1).

Unter dem Makedonenkönig Alexander d. Gr. (336–323 v. Chr.) wurde ein technischer Eingriff in den Wasserhaushalt Böotiens vorgenommen, bei dem die Abzugskanäle des Kopaïssees freigelegt wurden; dadurch senkte sich der Seespiegel, so dass aus einem problematischen Sumpfgebiet landwirtschaftlich nutzbare Flächen gewonnen werden konnten (Strab.9,2,18). Dabei wurde an ältere Bemühungen um Drainage angeknüpft, wie sie etwa auch in Arkadien auf der Peloponnes zu verfolgen sind (Thuk.5,65,4). In Larisa in Thessalien war ein See entwässert worden, was in dieser Gegend zu einer klimatischen Abkühlung geführt habe (Theophr.caus. plant.5,14,2 f.). Andererseits bildeten in vielen Gegenden Trockenheit und Dürre ein wiederkehrendes Problem. Die für den Wasserhaushalt angelegten Dammbauten und Talsperren hatten im antiken Griechenland jedoch weder zu großflächiger Feldbewässerung noch zur Trinkwasserversorgung gedient und wurden erst von den Römern wieder in größerem Maße eingesetzt.[53]

9. Erdbeben und Vulkane

Erdbeben

Das Gebiet des Mittelmeeres liegt entlang des mediterran-transasiatischen Gürtels und weist generell eine hohe Seismizität auf. Aufgrund von tektonischen Verschiebungen und Bruchspalten wurde es schon in der Antike häufig von Erdbeben heimgesucht. Dabei sind sowohl Einsturzbeben, bei denen unterirdische Höhlen zusammenstürzen, als auch vulkanische und tektonische Beben aufgetreten. Auch Schlammfluten und Tsunamis wurden zu den Erdbeben gerechnet. Als Erklärungen dienten einerseits das Walten der Götter, andererseits naturgesetzliche Abläufe, wie sie im Rahmen der ionischen Naturphilosophie eruiert wurden. Aus mythologischer Sicht wurde in erster Linie Poseidon für Erdbeben verantwortlich gemacht und als Erderschütterer (Ennosigaios) bezeichnet. Zornesausbrüche der übernatürlichen Mächte galt es daher zu vermeiden.

Im naturwissenschaftlichen Bereich entwickelte sich eine «neptunische», eine «pneumatische» und eine «vulkanische» Erdbebendeutung, die auch vermischt werden konnten. Thales von Milet betrachtete die Erde im 6. Jh. v. Chr. als eine Art Schiff auf dem Weltmeer, dessen Wellen die Erde erbeben lassen (Sen.nat.3,14,1). Anaximander und Anaximenes glaubten, dass Erdbeben durch Luft in den Rissen der Erde ausgelöst würden, und für Anaxagoras resultierten die Erdstöße aus eingedrungenen Luftströmen (Sen. nat.6,10,1; Amm.Marc.17,7,12). Demokrit führte die Erdbeben in klassischer Zeit auf Wasserströme in unterirdischen Höhlen zurück, die unter die Erdscheibe eingedrungen waren (Aristot. meteor.365 b). Für Empedokles (D/K 31 A 68 f.) und Antiphon (D/K 87 B 30 f.) waren Erdstöße durch innere Feuer verursacht. Einflussreich wurde schließlich der von Aristoteles im 4. Jh. v. Chr. propagierte pneumatische Ansatz, nach dem die poröse Erde einen mit eingedrungener Luft (Pneuma) gefüllten Körper bildet, dessen Druck sich durch einsickerndes Wasser erhöht und nach außen drängt (Aristot.meteor.365 a–369 a). Der Gelehrte Poseidonios (ca. 135–51 v. Chr.) stellte – wie schon Antiphon (ca. 480–411 v. Chr.) – einen Zusammenhang zwischen seismischen und vulkanischen Tätigkeiten her und glaubte, dass Feuer und Wasser in unterirdischen Gängen einen Ausweg suchten; daneben teilte Poseidonios die Erde in gefährdete und ungefährdete Gebiete ein (vgl. Strab.12,8,17 f.).

Erste Auflistungen von Erdbeben nahmen der Historiker und Geograph Demetrios von Kallatis (um 200 v. Chr.) und anschließend Demetrios von Skepsis vor (Strab.1,3,17. 20). Die bekanntesten und folgenreichsten Fälle unter den konkret überlieferten Erdbeben betrafen Sparta im Jahre 464 v. Chr. (Thuk.1,101. 128) und Helike/Bura im Jahre 373 v. Chr., bei dem angeblich zuvor die Tiere geflohen waren (Aristot.meteor.343 b. 344 b. 368 b; Ael.nat. anim.11,19). Das Erdbeben von Sparta hatte eine massive Zerstörung des Stadtgebietes zur Folge und kostete gemäß Diodor (11,63) 20 000 Menschen das Leben; gedeutet wurde es als göttliche

Rache für einen Frevel an der versklavten Bevölkerungsgruppe der Heloten im Heiligtum des Poseidon auf Tainaron (Thuk.1,128). Für das Jahr 426 v.Chr. registrierte Thukydides (3,89) auch ein Seebeben mit Tsunami im Kanal von Atalanti vor Euböa (vgl. Strab.1,3,20). Im Jahre 227 v.Chr. gab dann ein Erdbeben auf Rhodos Anlass für Hilfsaktionen von hellenistischen Herrschern (Polyb.5,88–90). Von eigentlichen Vorsorgemaßnahmen haben wir demgegenüber erst in römischer Zeit Kenntnis.

Vulkanismus

Vulkanische Phänomene wurden in der griechisch-römischen Antike als Wirken von unterirdischen Mächten charakterisiert, welche unter Vulkanen in Gefängnishöhlen eingesperrt waren. Nachdem schon die Kyklopen und die Hekatoncheiren («Hundertarmige») im Erdinnern festgehalten worden waren, wurden auch die Titanen als Kinder des Uranos und der Gaia nach der Niederlage gegen die olympischen Götter im Tartaros eingeschlossen (Hes.theog.139 ff. 717 ff.). In den mythischen Erzählungen hatte aber auch Hephaistos bzw. Volcanus hier seine Feuer, die immer wieder an die Oberfläche austreten konnten. Als Schmiedegesellen standen ihm die Kyklopen zur Seite, denen zudem die vulkanischen Aktivitäten des Aetna oder der Liparischen Inseln zugeschrieben wurden (Kallim.hymn.3,46 f.) – gemeinsam mit dem ebenfalls von Zeus eingesperrten Ungeheuer Typhon (Pind.Ol.4,6). Mit dem Vesuv wurden auch die Giganten, die aus dem Blut von Uranos hervorgegangenen Söhne von Gaia, assoziiert, da sie im Kampf gegen die Götter des Olymp von Herakles auf den Phlegräischen Feldern (westlich von Neapel am Golf von Pozzuoli) besiegt und unter die Erde verbannt worden waren (Diod.4,21,5 ff.).

Im 5.Jh. v.Chr. wurde der Vulkanismus mit Erdbeben in Verbindung gebracht, also auf dieselben Ursachen zurückgeführt, wobei dann Aristoteles der pneumatischen Erklärung zum Durchbruch verhalf (meteor.365 b). Der Aetna war im 5. und 4.Jh. v.Chr. wiederholt ausgebrochen, was von griechischen Autoren registriert wurde – und zwar in den Jahren um 479 v.Chr. (Aisch.Prom.367 f.;

Abb. 8: Antikes Bergbaugebiet im Souriza-Tal, Laureion/Attika

Pind.Pyth.1,20 ff.), 425 v. Chr. (Thuk.3,116) und 396 v. Chr. (Diod.14,59,3). Empedokles soll zur Erforschung auf den Krater gestiegen und angeblich sogar hineingefallen sein (Strab.6,2,8). Zudem wurde eine unterirdische Verbindung mit dem Vulkan der Liparischen Inseln vermutet (Diod.5,7,4). Poseidonios lobte im Zusammenhang mit dem Aetna schließlich die Vorzüge der Lava bzw. des vulkanischen Bodens (Strab.6,2,3), der gerne für den Weinbau genutzt wurde. Zu eigentlichen Katastrophen war es im griechischen Bereich seit dem Vulkanausbruch von Thera/Santorini im mittleren 2. Jahrtausend v. Chr. nicht mehr gekommen.

10. Bergbau

Die antike Gesellschaft hatte nicht nur einen hohen Bedarf an Holz, sondern auch an Gestein und Ton für das Bauwesen sowie an Metallen, welche für die verschiedensten Zwecke handwerklicher und künstlerischer Produktionen eingesetzt wurden. Ton und Gestein wurden an der Erdoberfläche abgebaut; die Stein-

Abb. 9: Antike Zisterne und Erzwaschanlage im Souriza-Tal, Laureion/Attika

Abb. 10: Antike Erzwaschanlage in Thorikos, Attika

brüche befanden sich in der Regel in der näheren Umgebung der Städte, die bekanntesten Marmorsteinbrüche im Pentelikon-Gebirge bei Athen, auf den Kykladeninseln Paros und Naxos sowie auf der Peloponnes. Demgegenüber wurden Gold, Silber, Zinn, Kupfer, Blei und Eisen an verschiedenen Orten auch im Untertagebau gewonnen. Aufgrund der Ressourcenknappheit und der hohen Beschaffungskosten wurden etliche Materialien und Erzeugnisse stets auch wiederverwendet (Hdt.3,6).

Metalle waren schon seit dem Neolithikum in Griechenland, Kleinasien, Dakien und Spanien abgebaut worden, wobei zunächst v.a. Kupfer und Zinn – für welches England berühmt war – gefördert wurden (Strab.4,5,2; Diod.5,22,1 ff. 38,4 f.; Tac.Agr.12,6). Schon seit dem 3. Jahrtausend v. Chr. wurde Bronze als Legierung aus Kupfer und Zinn hergestellt. Für Kupferabbau entwickelte sich Zypern zu einem führenden Zentrum. Silber wurde in größerem Maße auf der ägäischen Insel Siphnos (Hdt.3,57 f.; Paus. 10,11,2), Gold auf der Insel Thasos abgebaut, wo angeblich ein ganzer Berg (Skaptehyle) entwaldet und durchwühlt war (Hdt.6,46 f.).

In Laureion, dem Bergbaugebiet des südlichen Attika (Abb. 8), wurden seit mykenischer Zeit Blei und Silber gewonnen. Zu Beginn des 5. Jh. v. Chr. ging man zum Untertagebau über und legte gut 2000 Schächte bis in über 50 Meter Tiefe und mit seitlichen Stollen bis zu 40 Metern Länge an.[54] Dazu kamen Erzwaschanlagen (Abb. 9, 10) und Schmelzöfen, welche die Luft und das Wasser erheblich belasteten. Die Luft wurde durch Schwefeldioxid und Bleidämpfe verschmutzt und brachte massive gesundheitliche Risiken wie Unfruchtbarkeit oder genetische Schäden bzw. Nervenkrankheiten und Anämie mit sich. Die Arbeiter, die sich vorwiegend aus Sklaven rekrutierten und zuweilen 10 000 bis 30 000 Personen zählten, waren stets auch den Gefahren von Einsturz und Verschüttung ausgesetzt. Zudem musste in den Wäldern der näheren und weiteren Umgebung beträchtlicher Holzschlag betrieben werden, der zu Bodenerosion und zum Absinken des Grundwasserspiegels führte. Diese Risiken wurden jedoch in Kauf genommen. Der Geograph Strabon betrachtete im 1. Jh. v. Chr. Minen generell immer noch als segensreiche Maßnahme gegen dichte, unkultivierte Wälder (Strab.14,6,5).

Insgesamt stellte der Bergbau mit seinen umweltbelastenden Begleiterscheinungen einen der folgenreichsten Eingriffe in die Landschaft dar, auch wenn das Ausmaß in Bezug auf die Gesamtfläche eher gering erscheinen mag. Berge von Abraum und Schlacken blieben zurück; Schäden an der abgeschürften Oberfläche oder eingestürzte Decken sind bis heute sichtbar. Die Römer knüpften in verschiedenen Gebieten in großem Stil an diese Tätigkeit an (Diod. 5,35 f.) und erhöhten damit die Bilanz der Umweltschäden nochmals deutlich.

ROM

11. Der geographische Raum

Rom und Italien

Der Ursprung des Imperium Romanum liegt in der Hauptstadt Rom, wo sich im 8./7. Jh. v. Chr. zunächst mehrere kleine Siedlungen auf einer Gruppe von Hügeln zu einem städtischen Zentrum zusammenschlossen und allmählich das Umland in Latium vereinnahmten. Rom befindet sich an zentraler Stelle Mittelitaliens, am Unterlauf des Tibers, ca. 25 km von der Küste entfernt. Es bildete einen Verkehrsknotenpunkt an der Salzstraße (*via Salaria*) zwischen der Küste und dem sabinischen Hinterland sowie einen Brückenkopf für die Nord-Süd-Verbindung von Etrurien nach Kampanien. Dementsprechend entwickelte sich früh ein Handelsforum am Tiber: der Rindermarkt (Forum Boarium), wo u.a. auch Scherben griechischer Gefäße aus dem 8. Jh. v. Chr. zum Vorschein kamen. Zudem wurde mit dem Forum Romanum für die sich formierende Bürgerschaft ein zentraler Versammlungsplatz angelegt. Dieser erstreckte sich am Fuße des Kapitols, auf dem sich das städtische Hauptheiligtum des Jupiter befand (Abb. 22).

Nachdem die expandierende Stadt um 387 v. Chr. von gallischen Kelten gebrandschatzt worden war, wurde wenige Jahre später eine 11 km lange Befestigungsmauer um die Stadt gelegt (sog. Servianische Mauer). Dadurch wurde ein Gebiet von 426 ha eingefasst und im Laufe der Zeit immer dichter besiedelt. Da es sich um eine gewachsene Stadt handelte, besaß sie kein quadratisches Straßennetz; die Ausfallstraßen verließen Rom sternförmig. Als im späten 4. Jh. v. Chr. die Lebensmittelhändler vom Forum Romanum vertrieben worden waren, formierte sich der Platz im 3. und 2. Jh. v. Chr. weiter zu einem politischen und administrativen Zentrum mit repräsentativen Tempeln und Basiliken. Die Stadt hatte sich in der frühen und mittleren Republik zu einer wirtschaftlichen und politischen Zentrale Mittelitaliens entwickelt, obwohl sie damals nur mit einem Flusshafen ausgestattet war. Der Meereshafen bei Ostia entstand erst in der Mitte des 1. Jh. n. Chr. unter Kaiser Claudius.

Die Lage Roms barg zugleich Chancen und Gefahren. Trotz der zentralen Stelle nahm die Stadt zwischen dem etruskischen und dem latinischen Bereich auch eine Randlage ein. Rom bildete mit seinem anfänglich bescheidenen Umland in Latium einen Stadtstaat, der von adligen Geschlechtern dominiert wurde und sich gegen Bergvölker verteidigen musste, die sich an den Küsten neue Siedlungsplätze suchten. In diesem Kampf zeigte Rom aber eigene expansive Tendenzen, und Gebietserweiterungen zeichneten sich ab. Um 400 v. Chr. war das benachbarte etruskische Veji erobert und in das römische Gebiet einbezogen worden, so dass eine kontinuierliche Vergrößerung des Herrschaftsbereiches einsetzte. Dabei konnten zunehmend sowohl die Ressourcen des bewaldeten Apennin als auch die fruchtbaren Acker- und Weideflächen Ober- und Unteritaliens genutzt werden. Bis um 270 v. Chr. war ganz Italien südlich des Po an Rom gebunden. Der Schritt über Italien hinaus war nur noch cinc Frage der Zeit.

Bis zum Ausgang der republikanischen Zeit wuchs Rom zu einer Metropole mit ca. 1 Mio. Einwohnern, für die eine beachtliche Infrastruktur bereitgestellt wurde. Die Römer erschlossen aber nicht nur viel neuen Siedlungsraum, sondern lernten bereits auch zahlreiche Probleme einer Großstadt, verbunden mit Verkehr, Lärm, Gestank von Abfällen und offenem Feuer, kennen. Diese begannen sich ebenso an zahlreichen weiteren Orten des Imperiums abzuzeichnen.

Das Imperium Romanum

Durch die Expansion der Römer fand bis in das 1. Jh. v. Chr. bereits eine erhebliche Veränderung des Mittelmeerraumes statt. Nach der römischen Eroberung Italiens erfolgte der Schritt nach Sizilien und in das weitere westliche und östliche Mittelmeer, wo nach und nach römische Provinzen eingerichtet wurden: 227 v. Chr. in Sizilien, Sardinien und Korsika, 197 v. Chr. in Spanien, 148/6 v. Chr. in Makedonien und Griechenland (Achaia), 129 v. Chr. in Kleinasien (Asia), 30 v. Chr. in Ägypten. Im Jahre 15 v. Chr. wurde unter dem ersten römischen Kaiser Augustus (27 v. Chr.–14 n. Chr.) mit dem Alpenfeldzug die Eroberung des nördlichen Europa eingeleitet, so dass Rom bis an die Grenzen von Rhein, Donau und Euphrat vorstieß und ein riesiges Territorium mit über 50 Millionen Einwohnern kontrollierte. Weitere Vorstöße über diese Grenzflüsse sowie nach Britannien sollten noch folgen.

In seiner «Geschichte der Landschaft in Mitteleuropa» hat Hj. Küster 1995 auf die großflächigen Veränderungen des südlichen Mitteleuropa im Rahmen des römischen Weltreiches hingewiesen. Erstmals wurden auch die Agrarflächen und Ressourcen des Gebietes nördlich der Alpen intensiv genutzt. Mitteleuropa erhielt mit Rhein und Donau eine klare Grenze, innerhalb derer sich die Grundzüge einer einheitlichen Kultur entfalten konnten. Hinter den Grenzen wurde in ungekanntem Ausmaß eine große Zahl von Menschen angesiedelt, die das Land mit neuen Methoden zu bebauen wussten. Es entstanden städtische Siedlungen, Häfen, Straßennetze, Gutsbetriebe mit intensivierter Viehhaltung, Bodennutzung sowie Obstgärten und Wiesen. In Mitteleuropa hielt der Anbau von Reben und Weizen Einzug, aus dem Süden wurden Feigen, Gewürze und Öl importiert. Die Wälder des Nordens wurden erstmals in größerem Umfang für Holzbau genutzt. Von Germanien, das Tacitus als Land der schaurigen Wälder und widerwärtigen Sümpfe beschrieb (Germ. 5,1), konnten die Römer freilich nur einen kleinen Teil dienstbar machen.

Das Land wurde durch Straßen erschlossen, durch Limitation (Vermessung und Anlage sich rechtwinklig kreuzender Grenzwege)

Abb. 11: Das römische Germanien: Ortschaften, Straßennetz, Rhein- und Limesgrenze

parzelliert und an römische Bürger vergeben bzw. verpachtet. Das Spektrum der Siedlungen reichte von bestehenden Städten der Einheimischen, die zu *municipia*/Munizipien erhoben wurden, über neu angelegte römische Bürgerstädte (*coloniae*/Kolonien) und kleine Siedlungen in verkehrsgünstigen Lagen (*vici*/Dörfer) bis zu Gutsbetrieben (*villae*/Villen), die über das ganze Land verstreut waren. Städte wurden oft an den Hängen oberhalb von Flüssen bzw. am Zusammenfluss von zwei oder mehreren Flüssen angelegt (Koblenz, Passau, Augst, Windisch), Villen in benachbarten Lössgebieten (Abb. 11).

Trotz der intensiven Landnutzung und Rodung in römischer Zeit fanden die antiken Eingriffe meist noch in bescheideneren Dimensionen statt und wurden verschiedentlich von Neu- und Wiederbewaldungen ausgeglichen. Wie sich noch zeigen wird, sind etwa im Main-Donau-Gebiet Württembergs für die Zeit vom 1.–3. Jh. n. Chr. vermehrt Hochwasser festzustellen, in denen Eichenstämme eingelagert wurden, bis in nachrömischer Zeit neue Auewälder nachwuchsen. Langfristige Auswirkungen hatte auch die imperiale Raumerschließung durch ein dicht gespanntes Straßennetz, das z. T. bis in die Neuzeit fortlebte.

Das römische Straßennetz

Straßen geben nicht nur Aufschlüsse über politische, militärische und wirtschaftliche Zusammenhänge, sondern auch über die Raumüberwindung und Raumbeherrschung einer Kultur. Im Vorderen Orient hatten die Assyrer schon im 8./7. Jh. v. Chr. ein umfangreiches Straßennetz errichtet, das anschließend von den Persern (Achämeniden) noch erweitert wurde und für die administrative und militärische Sicherung ihres Großreiches diente. Anders als in Griechenland verfügten in Italien schon in früher Zeit die Etrusker über städtische Straßen und Verbindungen. Marzabotto bei Bologna wies im 5. Jh. v. Chr. ein rechtwinkliges Straßennetz auf, wobei die Straßen auf beiden Seiten Entwässerungsgräben führten.

Die Römer entwickelten seit dem Bau der *via Appia* im Jahre 312 v. Chr. nach und nach ein weitflächiges Straßennetz von zuletzt 80 000 bis 100 000 km, das konsequent den ganzen Herrschaftsraum durchzog. Ab dem Jahre 15 v. Chr. wurde auch der Alpenraum ins Verkehrsnetz eingebunden. Wegstrecken über den Kleinen und Großen St. Bernhard sicherten die Verbindung von Aosta ins Rhonetal (Lugdunum/Lyon) bzw. an den Genfersee und über das Schweizer Mittelland an den Rhein (Augusta Raurica/Augst). Die *via Claudia Augusta* führte von Bozen über den Reschenpass nach Augsburg, ein anderer Zweig verlief über den Brenner; von Augsburg aus gab es eine weitere Verbindung über Kempten und Bregenz nach Chur, das wiederum über die Bündner Pässe an Oberitalien angebunden war (Abb. 11).

Die Straßen dienten dem Militär zum Anmarsch und zur Lieferung von Nachschub, den Kaufleuten und Händlern zum Warentransport sowie der kaiserlichen Verwaltung zur Benachrichtigung durch Boten. Augustus begründete den *cursus publicus*, ein staatliches Kurier- und Transportsystem, das Dienstreisen auf Staatskosten umfasste. Die Bevölkerung war verpflichtet, für die staatlichen Postboten und den Transport Wagen und Zugtiere zu stellen, wofür sie allerdings entschädigt wurde.[55]

Die Straßen wurden großenteils von Armeetruppen erbaut und verliefen möglichst geradlinig oder auch entlang von alten Wegenetzen und Saumpfaden. Ziel war es, technisch und materiell aufwendige Bauten wie Bogenbrücken, Tunnels, aufgeschüttete Dämme oder Hangstützen zu vermeiden. Grundsätzlich wurde kaum in den Talsohlen gebaut, die durch Überschwemmungen gefährdet waren, sondern an den Talrändern oder auf erhöhten Geländerücken. Pflasterstraßen sind vorwiegend in den Städten und in Siedlungsnähe, teilweise aber auch über Land zu beobachten. Die dort verbreiteten Kiesstraßen waren schneller zu erbauen und leichter zu reparieren. Sie wurden auf befestigtem Untergrund errichtet und mit Bordschwellen versehen. Als Entfernungsanzeiger dienten Meilensteine (*miliaria*), 2–4 m hohe Steinsäulen an den Straßenrändern.

Als Reisende anzutreffen waren Geschäftsleute, Händler, Armeeangehörige, Truppen, Magistrate, Kuriere des *cursus publicus*, Staatsmänner und auch der Kaiser selbst. Privatpersonen unternahmen Badereisen nach Baiae am Golf von Neapel, Bildungsreisen nach Griechenland zu den Philosophenschulen (so Cicero und Caesar nach Athen bzw. Rhodos), Heiligtümern (Delphi, Olympia) und Naturspektakeln (Tempetal in Thessalien, Grotte am Parnass). Ägypten wurde als Traumziel betrachtet.[56] Auch wenn in der Antike noch kein Massentourismus aufkam, wurde von philosophischer Seite bereits Tourismuskritik geäußert. Reisen galten einerseits als gesunde Entbehrung und Abhärtung, als wohltuende Beschränkung auf schlichte Nahrung und Unterkunft, wodurch Körper und Seele gestärkt werden; andererseits wurde Kritik an maßlosem Reiseluxus und ständiger Ruhelosigkeit laut (Sen. epist.87,2 ff.; 104,13 ff.; tranq.2,13 ff.).

Reisen wurden entweder zu Fuß unternommen, wobei Reiche Sänften benutzten, oder auch mit einem Reittier (Esel, Maultier, seltener Pferd). Übernachtungsmöglichkeiten gab es in Herbergen (*mansiones*). In Wechselstationen (*mutationes*) wurden die Zugtiere ausgetauscht und die Wagen ausgebessert. Im Landverkehr wurden Ochsen und Pferde, Esel und Maultiere als Lasttiere eingesetzt bzw. vor zwei- und vierrädrige Wagen gespannt. Massengüter und schwere Lasten wurden auf dem Wasserweg per Fluss- und Seeschifffahrt transportiert. Das weit verzweigte Transportnetz, das Güteraustausch über große Entfernungen ermöglichte, führte sowohl zur Einfuhr neuer Produkte als auch zur Spezialisierung angestammter Produktionszentren und Agrarlandschaften. Römische Straßen hatten jedenfalls bis weit ins Mittelalter Bestand, wurden immer wieder ausgebessert und z. T. bis in die Gegenwart weiterbenutzt. Westeuropa war damit großflächig erschlossen und vernetzt.

12. Mensch und Natur

Auch der römische Kalender war von Festen bestimmt, die mit der göttlich geprägten Natur und ihren Erzeugnissen in Verbindung standen: die *Fordicidia* für die Erdmutter Tellus, die *Cerialia* für die Getreidegöttin Ceres und die *Vinalia* für Jupiter und Venus; im Frühjahr wurden zudem die *Ambarvalia* für die Agrargöttin Dea Dia und die *Ludi Florales* für die Pflanzengöttin Flora abgehalten, im Herbst die *Vertumnalia* für Vertumnus und Pomona – im Hinblick auf den jahreszeitlichen Obstsegen. Als naturverbundenes Bauernvolk betrachteten die Römer die Bäume, Wälder und Feldfrüchte als Geschenke der Götter, wussten die Natur aber auch dienstbar zu machen und auszubeuten. Die Kultivierung des Landes durch Rodung, Parzellierung und Staßenbau wurde als Sieg über die wilde Natur gefeiert. Die Dichter Vergil und Properz priesen in augusteischer Zeit die Übermacht des römischen Reiches gerade auch aufgrund der besseren Umwelt. Augustus selbst propagierte den Weltherrschaftsgedanken, bei dem die Römer als Bestandteil göttlicher Vorsehung gedeutet wurden. Die Welt war durch die *Pax Augusta* befriedet, und auf dem Friedensaltar in Rom (13–9 v. Chr.) war neben der gottesfürchtigen Kaiserfamilie auch die nährende Mutter Erde (Tellus) dargestellt.

Generell konnten auch die Römer zwei unterschiedliche Haltungen gegenüber der Natur (*natura*, als Übersetzung von *physis*) einnehmen, wie das schon bei den Griechen festzustellen war. In der Literatur äußert sich einerseits Pessimismus in Form der Vorstellung von der verdammten Natur, die dereinst versiegen und mit dem Weltall zerfallen wird. Gemäß dem Dichter Lukrez (ca. 96–55 v. Chr.) missbraucht der Mensch seine Fertigkeiten und Kenntnisse und ist nicht in der Lage, seine Begierden zu zügeln, so dass er sich trotz seiner Überlegenheit selbst ins Unglück stürzt (Lucr. 2,1154 ff.; 5,195 ff. 1430 ff.). Andererseits wird in der Literatur auch Optimismus verbreitet. Der Mensch gilt als Schöpfer und hat dabei auch das Verfügungsrecht über die unterlegene Natur (Cic. nat. deor. 2,152): «und selbst über die stärksten Naturgewalten, über das Meer und die Stürme, sind allein wir durch das nautische Wissen Herr und kommen so in den Genuss sehr vieler Güter, die das Meer bietet. Ebenso hat der Mensch die völlige Herrschaft über alle Güter der Erde: wir ziehen Nutzen aus ebenem und bergigem Gelände, uns gehören die Flüsse und Seen, wir säen Getreide und pflanzen Bäume; wir leiten Wasser auf unsre Ländereien und machen sie dadurch fruchtbar, wir dämmen Flüsse ein, bestimmen ihren Lauf und leiten sie ab; ja wir versuchen, mit unsren Händen inmitten der Natur gleichsam eine zweite Natur zu schaffen.» Schließlich könne die Welt und Natur nicht ohne Herrschergewalt *(imperium)* bestehen (Cic.leg.3,3).

Bezeichnend für das zwiespältige Verhältnis zur Natur ist auch Vergil (70–19 v.Chr.) mit seinen *Georgica*, dem Gedicht vom Landbau. Vergil tritt nicht für wirtschaftlichen Gewinn, sondern für Tiere und Pflanzen ein und respektiert das Göttliche in der Natur. Trotzdem misst er den Menschen eine führende Rolle zu, da sie durch ihren Verstand in der Lage sind, die natürliche Ordnung zu bewahren. Noch deutlicher wird Statius (ca. 40–96 n.Chr.) in seinem Gedicht auf das Landhaus eines Pollio Felix bei Sorrent: «Dieser Ort genießt die Gunst der Natur, hier ist sie besiegt, dem Bauherrn gewichen, und gelehrig fügt sie sich fremder Verwendung. Ein Berg war einst hier, wo du eine Ebene siehst, und Fluren, wo jetzt das Haus sich befindet; wo nun einen hochragenden Wald du erblickst, war nicht einmal Land. Der Besitzer hat erfolgreich die Wildnis gezähmt, dem besiegten Fels neue Formen gegeben, und froh folgt ihm nun die fruchtbare Erde. Schau her, wie die Felsen das Joch nun ertragen, und der Berg folgsam eintritt oder weicht aus dem Haus» (silv.2,2,52–59). Die Sicht von der gebändigten Natur kam in der Vorliebe für lichte Gehölze statt dunkler Wälder, sanfte Hügel statt wilder Gebirge (so spricht Livius 21,58,3 von der *foeditas Alpium*, der Hässlichkeit der Alpen), ruhige Gewässer und Küstenlinien statt rauher See zum Ausdruck.

Einzelne Römer übten zwar immer wieder Kritik an umweltschädlichem Verhalten wie zerstörerischem Bergbau, Abholzung von Bergwäldern, Ausrottung von Pflanzen, Anlage von Großgütern und ländlichen Villen, mit denen die Seeufer verbaut wurden. Generell kam es aber kaum zu Gegenmaßnahmen, sondern man beharrte auf den materiellen Vorteilen. Wie sich bei der Landwirtschaft noch zeigen wird, lässt die einschlägige Literatur (Cato, Varro, Columella) nicht Liebe zur Natur erkennen, sondern Nutzer- und Gewinninteressen. Naturschonung kam hier nur im Hinblick auf Ressourcenerhalt und künftigen Profit ins Spiel.

Mahnende Stimmen erhoben sich demgegenüber aus philosophischen Kreisen. Nachdem schon der Historiker Sallust (86–34 v.Chr.) den zerstörerischen Luxus der Oberschicht angeprangert hatte (Catil.13), propagierte Seneca (ca. 4–65 n.Chr.) in der frühen Kaiserzeit stoische Mäßigung und kritisierte die Auswüchse des Luxus als Vergehen an der Natur; wir müssen «den Weg einhalten, den die Natur vorgeschrieben hat» (epist.122,19). Dabei geht es aber nicht darum, die Natur zu schützen, sondern sich vernünftig in die bestehende Weltordnung einzufügen, mit dem Ziel der sittlichen Festigung. Natürliche Abläufe – wie etwa Überschwemmungskatastrophen – folgen einem festen Plan, so dass sie der Mensch kaum beeinflussen kann.

Das grundsätzliche Dilemma des antiken Menschen gegenüber der Natur zeigt sich schließlich auch bei dem Offizier und Historiker Plinius d. Ae. (23/4–79 n. Chr.): Der Mensch hat eine schwache Konstitution, die durch die Natur und Umwelt bedroht ist. Er führt einen gnadenlosen Daseinskampf, den er nur mit seinen technischen Mitteln überleben kann. Dabei zerstört er aber zugleich seine eigenen Lebensgrundlagen, was gerade auch beim Bergbau zum Ausdruck kommt. Der Abbau von Bodenschätzen hat letztlich nur Unglück über die Menschheit gebracht (Plin.nat.2,158 f.; 33,1–6).

13. Landwirtschaft

Die Römer sahen sich selbst als Bauernvolk und waren stolz auf ihren ländlichen Ursprung. Die landwirtschaftliche Literatur, welche vom 2. Jh. v. Chr. bis ins 1. Jh. n. Chr. blühte und die Bodenständigkeit propagierte, zielte zugleich auf Produktions- und Gewinnsteigerung. Landwirtschaft bildete nicht nur eine Existenzgrundlage, sondern war auch Ausgangspunkt für Reichtum, der sich vorwiegend im Landbesitz manifestierte (Plin.epist.3,19; 6,19).

Entsprechende wirtschaftliche Interessen spielten auch bei der Expansion des Imperium Romanum eine Rolle, das seit dem mittleren 3. Jh. v. Chr. den ganzen Mittelmeerraum zu vereinnahmen begann. Rom profitierte von den Abgaben der Provinzen und griff in deren Landschaften ein, zunächst durch Landvermessung und Parzellierung, dann auch durch intensivierte Bebauung. Nordafrika lieferte Oliven und Getreide, Spanien Wein und Öl, Sizilien und Ägypten Getreide. In Ägypten wurde Weizen angebaut, der jährlich wohl zwei Ernten ergab. Unter Augustus sollen pro Jahr 20 Mio. *modii* (= ca. 150 000 Tonnen) Getreide nach Rom gekommen sein (Aur.Vict.epit.Caes. 1,6). Importe schlossen aber auch in der Hauptstadt nie Knappheiten aus, so dass der italischen Landwirtschaft – trotz einiger Rückschläge – weiterhin große Bedeutung zukam.[57]

Die Landwirtschaft in Italien war vielfältig; vorherrschend war der Ackerbau mit Fruchtwechsel (Varr.rust.1,44,1 f.; Verg. georg.1,73 ff.; Plin.nat.18,49 ff.), der teilweise bereits der späteren Dreifelderwirtschaft entsprach, sich aber vorwiegend als Zweifelderwirtschaft gestaltete. Auf ein Jahr des Anbaus folgte ein Jahr Brache, die zur Weidung von Vieh genutzt werden konnte. Verschiedene Getreide- und Gemüsearten sollten abwechselnd angepflanzt werden. Der Einsatz von Dünger ermöglichte eine regelmäßigere Nutzung, bei der die Brache vermieden werden konnte. Als Dünger kamen beispielsweise Tiermist, Kompost oder Asche in Frage (Varr.rust.1,38,1 ff.; Plin.nat.17,42 ff.; 18,192 ff.). Columella (2,1,1 ff.) zufolge (1. Jh. n. Chr.) sollen die Böden beim Einsatz von Düngern nicht altern. Wenn kein Dünger verwendet wurde, lag die Hälfte des Bodens jedes zweite Jahr brach und musste in dieser Zeit öfters gepflügt werden (Verg.georg.1,71 f.; Colum.2,9,15; Plin.nat.18,176 f.). Vergil, der sowohl Fruchtwechsel als auch Brache und Dünger empfiehlt, erwähnt zudem das Abbrennen von Feldern – zugleich verbindet er die von ihm postulierte Herrschaft über die Erde aber auch mit Respekt vor dem Göttlichen (georg.1,96 ff.). Dass Raubbau zum Auslaugen der – nach ihrer Qualität unterschiedenen – Böden führte, hatte man prinzipiell erkannt (Colum.1 praef.1 ff.).

Die Landwirtschaft diente zunächst dem Eigenbedarf des Bauern, der darüber hinaus vom Verkauf in die nächstgelegene Stadt (Cat.agr.7,1; Varr.rust.1,16,3) oder auch von weiterem Export lebte. Am gewinnträchtigsten war der Weinbau. Oliven waren ebenfalls ertragreich und weniger arbeitsaufwendig als Getreide. Daneben wurden Obst und Gemüse angebaut, z. T. Imkerei betrieben und Wald bewirtschaftet, wobei der Wald auch zur Schweinehaltung genutzt werden konnte (Varr.rust.2,4,20).[58] An Vieh gab es vorwiegend Schafe, Geflügel und Rinder. Auch Ziegen waren verbreitet, konnten aber im Umfeld von Gehöften Gärten zerstören und Bäume verbeißen (Verg.georg.2,196; Plin.nat.8,204). Dennoch wurde die Viehwirtschaft insgesamt als das lukrativste Geschäft bezeichnet (Varr.rust.2,1,11). Neben der Weidehaltung gab es auch verschiedene Formen der Transhumanz, die sich v.a. in Süditalien seit dem 2. Jh. v. Chr. etablierte. Varro hielt seine Viehherden im Sommer in den reatinischen Bergen, im Winter in Apulien (Varr. rust.2,2,9). Solche Fernweidesysteme blieben bis in die Spätantike verbreitet, waren aber nie dominierend.

Im Zweiten Punischen Krieg (218–201 v. Chr.) waren weite Gebiete Süditaliens verwüstet worden. Diese wurden dann in größerem Maße als römisches Staatsland (*ager publicus*) eingezogen und zur Bewirtschaftung vergeben. Zugleich brachten die römischen Annexionen im 2. Jh. v. Chr. vermehrte Belastungen für die Bauern und Bürger, die durch überseeische Kriege lange von ihren Äckern fernbleiben mussten. Ferner kam zunehmend billiges überseeisches Getreide aus den Provinzen auf den Markt. Dies erforderte eine Umstellung auf aufwendigeren Wein- und Olivenbau sowie Weidewirtschaft. Gleichzeitig begünstigte es die Entstehung von Großgütern, die in küstenfernen Gebieten weitere Wald- und Weidegebiete in die Landwirtschaft einbeziehen konnten.

In dieser Situation schlugen die Volkstribunen Tiberius und Gaius Gracchus (133 bzw. 123/2 v. Chr.) eine Neuaufteilung des Staatslandes (*ager publicus*) vor (Plut.Tib.Gracch.8; App. civ.1,7 ff.), bei der bedürftige Bauern offenbar Güter in einer Größe von bis zu 30 Morgen bzw. *iugera* (8 ha) erhalten sollten (CIL I^2 585 Z.14). Obwohl dies nur einem unteren Durchschnitt entsprach, wurde die Umsetzung der Landreform durch die Führungsschicht weitgehend behindert.[59] In Latium und Kampanien verbreiteten sich Wein- und Ölgüter, die eine Fläche von 100–500 *iugera* aufwiesen.[60] Ein Idealgut umfasste ca. 200–300 *iugera* (50–80 ha), die allmählich zunehmenden Großgüter bis etwa 90 qkm; Plinius d. J. (61/2–ca. 114 n. Chr.) soll insgesamt etwa 35 000 *iugera* besessen haben.[61]

M. Porcius Cato (234–149 v. Chr.), der eine Schrift «Über die Landwirtschaft» verfasst hatte, betrachtete ein Landgut mit den zugehörigen Gebäuden, Geräten, Pflanzungen, Vieh und Personal als das höchste Gut; ein Bauer soll niemals unüberlegt kaufen und stets alle Faktoren bedenken (agr.praef.; 1,1 ff.). Ziel sollte sein, mehr Hinzuerworbenes als Ererbtes zu hinterlassen (Colum.1 praef.7. 10). Die Gutswirtschaft gestaltete sich in den Grundzügen folgendermaßen: Cato hatte für sein mehrteiliges Gut in Kampanien diverse Verwalter, denen er Anweisungen gab. Der Betrieb war auf Markt- und Geldwirtschaft ausgerichtet und beschäftigte sowohl Handwerker als auch Tagelöhner. Das Gut umfasste verschiedene Anbauflächen: zum einen eine Olivenpflanzung von 240 Morgen (ca. 60 ha) mit 5000 Bäumen (die 30 000 Scheffel Oliven abwarfen), ausgestattet mit einem Verwalter (*vilicus*) und 11 Sklaven; zweitens ein Weingut von 100 Morgen (25 ha), mit Oliven- und Weinkeltern sowie einem Kornhaus mit Tenne, betreut von einem Verwalter und 16 Sklaven; dazwischen gab es gedüngtes Land mit Futterkräutern, auf dem sich zwischen Ernte und Aussaat sowie im Winter Schafe und Arbeitsochsen aufhielten; zum dritten Getreideland, das von Pächtern bestellt wurde; viertens Weideland mit Gras und Eichwald, das im Winter von fremden Herden beweidet wurde (und in manchen Fällen auf dem Staatsland lag).[62]

In Italien finden wir verschiedene Grundtypen von Gutshöfen (*villae rusticae*), mit einem Wohnhaus, um das sich Stallungen, Speicher, Lagerhallen und Werkplätze gruppieren; Wohn- und Wirtschafträume sind oft um drei Seiten eines Peristylhofes angeordnet.[63] Columella unterschied im 1. Jh. n. Chr. beim Landwirtschaftsbetrieb das Herrenhaus (*villa urbana*), den Wirtschaftstrakt mit Landarbeiterhaus (*villa rustica*) und den Vorratstrakt mit Fruchtlagerräumen (*fructuaria*). Zur Lage eines Gutes empfahl er die halbe Hanglage – wo schon seit der Jungsteinzeit Dörfer angelegt worden waren:

> «Doch so wesentlich es ist, welcherlei Boden man bearbeitet und auf welche Weise man es tut, so ist es doch nicht weniger wichtig, wie man das Wirtschaftsgebäude anlegt und wie zweckmäßig man es einteilt. … Ein Landwirt wird demnach geschmackvoll bauen, aber kein Baunarr sein, und – nach Cato – den Boden seines Areals soweit in Beschlag legen, dass ‹weder dem Haus das Ackerland noch dem Ackerland das

Haus fehlt›. Wie dieses im Ganzen gelegen sein soll, will ich im Folgenden darstellen. Wer sich anschickt, ein Gebäude zu errichten, muss es nicht nur in einer gesunden Gegend, sondern am gesündesten Platz dieser Gegend tun. ... Erstrebenswert ist also eine in Wärme und Kälte gemäßigte Atmosphäre, wie sie etwa auf halben Hängen zu herrschen pflegt, wo sie nicht, in Niederungen eingesenkt, zur Winterzeit vom Reif erstarrt oder im Sommer in der Gluthitze brät, noch zu den höchsten Erhebungen emporgehoben, bei den geringsten Windstößen und Regenschauern zu jeder Jahreszeit wütet. Die beste Lage ist also die am halben Hang, allerdings so, dass der Bauplatz etwas herausspringt, damit nicht ein Gießbach, der nach Regenfällen herniederbraust, die Fundamente gefährdet» (Colum. 1,4,6 ff.).

Die *villa rustica* bezeichnet aber auch den eigentlichen Landwirtschaftsbetrieb im umfassenden Sinne. In den Provinzen wurde diese Betriebsform verbreitet übernommen, so dass sie auch nördlich der Alpen Einzug hielt. Hier treffen wir auf Villen, die den italischen *villae urbanae* angepasst sind, aber eine ganze Gebäudegruppe außerhalb der Ortschaften verkörpern und inmitten der Anbauflächen liegen. Sie besitzen ein umfriedetes Hofareal mit einem Wirtschaftsteil (*pars rustica*), der von einem Verwalter geleitet wird und durch eine Mauer vom herrschaftlichen Sitz (*pars urbana*) abgetrennt ist (Abb. 12). Ein solcher Komplex stellt ein ganzes Wirtschafts- und Produktionszentrum dar, das neben Personalunterkünften und Stallungen auch handwerkliche Werkstätten umfasst (Ziegelei, Töpferei, Eisenverhüttung). Die Villen selbst sind nach dem Vorbild der italischen *villae urbanae* in mediterranem Stil gehalten. Sie besitzen oft ein erhöhtes, reich ausgestattetes und längliches Herrenhaus mit davorliegender Säulenhalle und Eckrisaliten (vorspringende Gebäudetrakte). Das beheizbare Wohngebäude ist zudem meist mit Badeanlagen, Terrassen, Garten und Zierwasserbecken ausgestattet.

Im Zentrum der provinzialen Landwirtschaft stand der Getreidebau (Weizen, Dinkel, Gerste), begleitet von Obst- und Gemüsebau, Vieh- und Weidewirtschaft. Für die nördlichen und östlichen Provinzen ist festzustellen, dass das Rind das vorherrschende Nutztier war und entsprechend weitergezüchtet wurde. In vielen Ge-

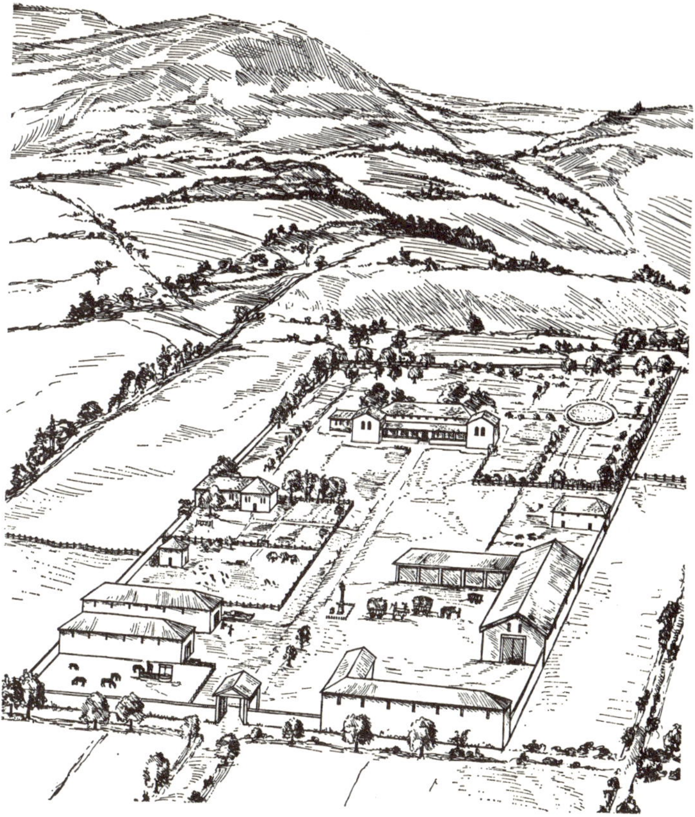

Abb. 12: Rekonstruktionszeichnung einer Villa rustica in Südwestdeutschland

genden des Reiches kam es auch zur Ansiedlung landfremder Tiere und Pflanzen. Neben den weit verbreiteten Reben und Weizen hielten an verschiedensten Orten Gemüsebau mit Sellerie und Randen bzw. Roten Rüben sowie Gartenbau mit Äpfeln, Birnen, Kirschen, Pflaumen, Zwetschgen und Nüssen Einzug, wie etwa im Gebiet der Schweiz festzustellen ist.[64]

Die Anbauflächen waren beachtlich und betrugen bei einer Villa in Südwestdeutschland ca. 50–100/200 ha.[65] Da ein Ochsengespann am Tag nur ca. 0,25 ha umpflügen kann (1 *iugerum*), musste also ein beträchtlicher Aufwand an Viehhaltung betrieben werden. Die Villen lagen dementsprechend oft am Übergang zwischen feuchten Weiden bzw. Resten von Wäldern in den Niederungen und den trockenen Äckern auf den Anhöhen. Für die bäuerlichen Betriebe und ihren Unterhalt wurde viel Holz benötigt, das durch Rodung von umgebenden Eichenwäldern gewonnen wurde. Von den gerodeten Böden wurde wertvoller Humus in die Flusstäler geschwemmt, wo es vermehrt zu Hochwassern und Überschwemmungen kam und neue Feuchtwiesen entstanden.[66] Die Villen trugen somit wesentlich zur Veränderung der Landschaft bei.

Gegen Ende des 3. Jh. n. Chr. nahmen landwirtschaftliche Großbetriebe im römischen Reich nochmals an Umfang zu. Großgüter wurden vorwiegend mittels Verpachtung an Kleinbauern (*coloni*) bewirtschaftet. Das Kolonat wandelte sich dabei zunehmend in eine zeitlich unbefristete, vererbbare Bodenpacht. Die Bindung an die Scholle diente einerseits dazu, den Pächtern eine Wirtschaftsgrundlage zu garantieren und damit Landflucht zu vermeiden. Andererseits ging es darum, regelmäßige Steuererträge zu sichern. Zudem waren die Kolonen oft rentabler als die Sklaven, deren Zahl zurückging. Zunehmende Verbreitung fand zugleich die Institution des *patrocinium*: Bauern wandten sich an einflussreiche Beamte oder Grundherren, die sie vor den Steuereintreibern schützten und dafür Abgaben in Form von Geld oder Naturalien kassierten. Bauern übergaben z. T. auch ihren Boden an Großgrundbesitzer, um sich von Schulden und Steuern zu befreien. Dennoch blieben sowohl der freie Kleinbauernbetrieb als auch die Sklavenwirtschaft bis in die Spätantike erhalten. Aufgrund des Arbeitermangels wurden Felder aber zunehmend vernachlässigt und Siedlungen aufgegeben, so dass sie teilweise von der Natur zurückerobert wurden.

14. Bewaldung und Holzbau

Das Verhältnis der Römer zum Wald entspricht deren grundsätzlichen Anschauungen über die Natur. Der Wald war einerseits schauerlich und dunkel – ein Aufenthaltsort von wilden Tieren und zwielichtigen Göttern, die dort walteten (Plin.nat.12,3; Sen.

epist.4,41,3): Silvanus, Pan/Faunus bzw. die Faune versetzten die Menschen mit ihren unheimlichen Stimmen in Furcht und Schrecken. Die Römer verwendeten für den Wald oft Adjektive wie *ferus* (wild), *foedus* (scheußlich), *horridus* (schrecklich), *obscurus* (finster), *occultus* (geheimnisvoll).[67] Der Historiker Tacitus (ca. 55–120 n. Chr.) beschrieb Germanien als Land der schrecklichen Wälder und scheußlichen Sümpfe (Germ. 5,1). Der Wald galt als urtümlicher Ausgangspunkt des menschlichen Lebens (Vitr. 2,1,1), als Wohnraum von Barbaren, die auf einer niedrigen Zivilisationsstufe standen (Lucr. 5,948 ff.). Zudem stellten die Wälder eine strategische Herausforderung dar – besonders in Gallien, Germanien und Britannien –, da sich die Gegner darin zurückzogen und Hinterhalte legten, wie etwa in der Varus-Schlacht vom Jahre 9 n. Chr. im Teutoburger Wald; Abholzungen waren daher beim kriegerischen Vordringen in diese Gebiete an der Tagesordnung (Caes. Gall. 3,28 f.; Lucan. 3,394 ff.).

Andererseits war der Wald ein Stück schöner Natur (*locus amoenus*) und Ort des angenehmen Verweilens unter schattenspendenden Bäumen. Dies konnte sowohl den öffentlichen Wald (*silva*) und geschützten Hain (*lucus*) als auch insbesondere das zu den Landgütern gehörende private Waldstück (*nemus*) betreffen. Hier diente der Wald der Erholung und Unterhaltung auf der Jagd (Hor. epist. 1,4,4 f.; Plin. epist. 1,6,2; 2,8,1; 5,6,7 f.).

Plinius d. Ae. schreibt in seiner Naturgeschichte (12,1–5):

> «Lange waren ihre (der Natur) Wohltaten verborgen, und als das höchste dem Menschen gegebene Geschenk galten Bäume und Wälder. Von diesen nahm man zuerst die Nahrung, ihr Laub machte die Höhlenbehausung weicher und der Bast diente zur Bekleidung. Auch jetzt noch leben Völker auf diese Weise. Umso mehr und mehr ergreift uns Erstaunen, wie nach solchen Anfängen jetzt Berge in Marmorblöcke zerschnitten, Kleider von den Serern (= Chinesen) hergeholt, Perlen in der Tiefe des Roten Meeres und der Smaragd im Innersten der Erde gesucht werden. ... Wälder waren die Tempel der höheren Mächte, und auch jetzt noch weiht man auf dem einfachen Land nach uralter Sitte einen besonders schönen Baum der Gottheit. Den von Gold und Elfenbein glänzenden Götterbildern erweisen wir nicht größere Verehrung als den

> Hainen und selbst der in ihnen herrschenden Stille. Die Baumarten, die einzelnen Gottheiten geweiht sind, werden ständig gehegt, wie für Jupiter die Wintereiche, für Apollo der Lorbeer, für Minerva der Ölbaum, für Venus die Myrte, für Herkules die Pappel. Ja, wir glauben sogar, dass gewissermaßen vom Himmel herab auch den Wäldern ihre Gottheiten, die Silvane, Faune und verschiedene Arten von Göttinnen zugeteilt sind. ... Mit dem Holz des Baumes durchfurchen wir die Meere und nähern uns anderen Ländern, mit dem Baum bauen wir die Häuser.»

Neben Plinius (nat.31,53) erkannten auch andere Autoren, dass Abholzungen zu Hochwassern und Überschwemmungen führen konnten. Vergil (georg.1,481–483; Aen.2,305–307) und Lukan (2,409 f.) erwähnen den reißenden Po und schreiben von weggespültem Ackerland; Horaz spricht von entwurzelten Bäumen (Od.3,29,33–41), Ovid von reißenden Bächen, die Gehöfte bedrohen (met.8,552–555). Lukrez erwähnt Waldbrände, die durch Rodung, Jagd, Krieg und Blitzschlag verursacht wurden (5,1241 ff.). Dennoch bezeichnet er es als Fortschritt, wenn die wilden Wälder und Haine in höheren Lagen kultivierten Bäumen weichen (5,1370 ff.). Auch der Geograph Strabon (ca. 64/3 v. Chr.–23/26 n. Chr.) erachtet Rodungen – zusammen mit Bergbau – nach wie vor als zivilisatorische Errungenschaft (14,6,5).

Auch wenn hier keine weitergehenden Maßnahmen zum Schutz der Wälder erkenntlich sind, stand Holz nicht einfach zur freien Verfügung. Einzelne Wälder wurden schon aufgrund von unterschiedlichen Besitzverhältnissen und strategischen Überlegungen geschützt, so etwa in Makedonien (Liv.45,29,14) und im Libanon (CIL III 180). Zudem wurden aus ökonomischen Gründen auch schon früh Aufforstungen betrieben (Theophr.hist.plant.2,2,2 ff.; Varr.rust.1,6,5), um in einzelnen Gebieten den Erhalt von kostbaren Holzressourcen und Wirtschaftsraum zu sichern. Die Wälder waren schließlich ein wesentlicher Teil der Landwirtschaft und dienten als Viehweide, wobei Eichenwälder insbesondere für die Schweinehaltung eingesetzt wurden (Varr.rust.2,4,20). Darüber hinaus waren die Bäume vorwiegend Quelle für die Holzbeschaffung (Plin.nat.16,62), im Hinblick auf Bau- und Brennstoffe, aber auch für den Schiffsbau.

Obwohl in Italien und Korsika viel Schiffsholz zur Verfügung stand (Theophr.hist.plant.4,5,5; 5,8,13), wurden seit der späten Republik auch Importe getätigt, so etwa Kiefern, Zypressen und Zedern vom Gebiet des Schwarzen Meeres und vom Kaukasus (Verg.georg.2,440–445; Hor.carm.1,14,11 f.). Als Rom während des Ersten Punischen Krieges (264–241 v. Chr.) seine erste Kriegsflotte baute, wurden dafür Eichen und Tannen aus Etrurien, Umbrien und Latium auf dem Tiber transportiert. Zahlreiche Hölzer für den Schiffs- und Hausbau lieferte auch der ausgedehnte Silawald im unteritalischen Bruttium (Lukanien), das kurz zuvor unterworfen worden war (Dion.Hal.20,15). Auch aus dem Gebiet Tyrrhenien im dicht bewaldeten Etrurien beförderten die Römer Baumstämme auf dem Flussweg nach Rom (Strab.5,2,5).

Durch die Holzwirtschaft waren freilich Rodungen nötig, die mancherorts sowohl das Landschaftsbild beeinträchtigten als auch den Boden veränderten. In der Umgebung von Rom stiegen durch die Erschließung neuer Kulturflächen im 2. Jh. v. Chr. die abgelagerten Sedimente um das Zehnfache.[68] Wie bereits erwähnt, sind auch in der Basilicata (Lukanien) in den Flussbetten am Golf von Tarent für die griechisch-römische Zeit vermehrt Ablagerungen festzustellen.[69] Schließlich zeichnete sich die intensivierte Land- und Waldnutzung auch in den Provinzen deutlich ab.

In Germanien gab es vorwiegend Eichen- und Buchenmischwälder, die im Zeitraum von 600 v. Chr. bis 400 n. Chr. mehrmals periodisch eingeschlagen wurden. Am Auerberg bei Bernbeuren im Allgäu zeigt sich, dass die Römer in bestimmten Gebieten gezielt Tannen nutzten;[70] diese waren ansonsten mehrheitlich im Gebiet außerhalb des Limes zu finden (Abb. 11), der offenbar weitgehend der Grenze zwischen Laub- und Nadelwald folgte.[71] Am Beispiel Württemberg ist im Folgenden besonders gut ersichtlich, wie durch Rodung und Waldweide Raubbau am Wald betrieben wurde.

Dendrochronologische Datierungen – anhand der Jahresringe eines Baumes kann man das Fälldatum ermitteln – von Auewaldeichen, die bei reißendem Wasser entwurzelt und in Flusskies eingebettet wurden, belegen im Gebiet Main–Donau für die Zeit vom 1.–3. Jh. n. Chr. stark vermehrte Hochwasser, die im 4./5. Jh. n. Chr. wieder zurückgingen. Baumpollen nahmen gegenüber Nichtbaum-

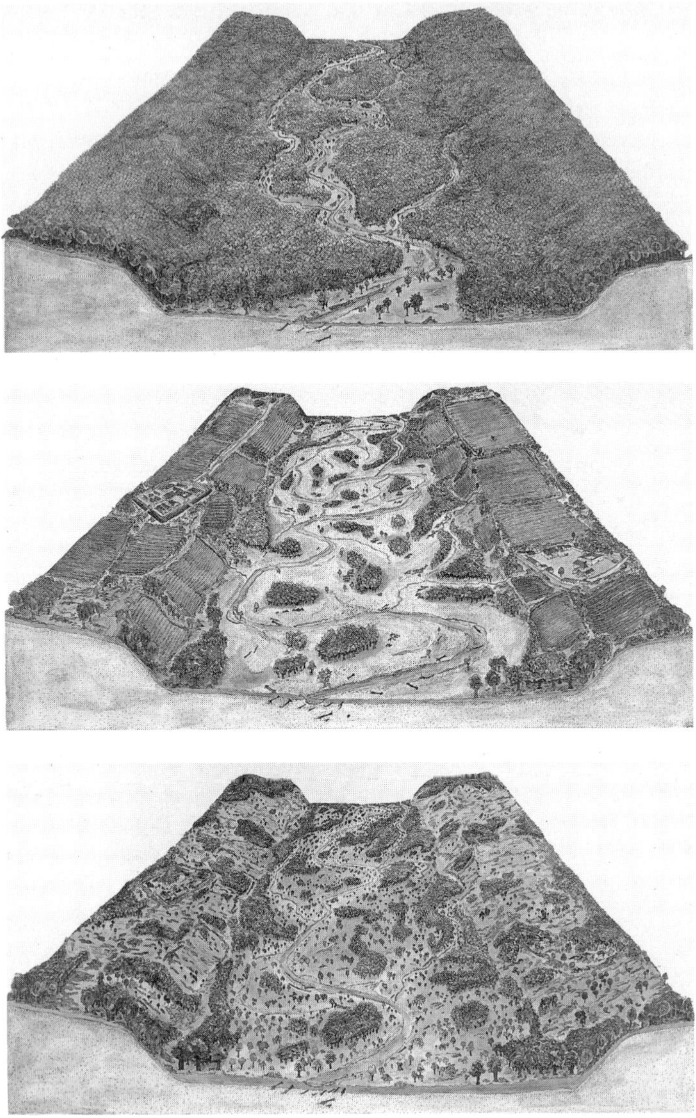

Abb. 13: Veränderung der bewaldeten Talauen durch die römische Besiedlung in Südwestdeutschland (vorrömische Zeit, römische Zeit, Völkerwanderungszeit)

pollen (Gräser und Kräuter) deutlich ab, was zeigt, dass Waldflächen zugunsten von Wirtschaftsflächen zurückgetreten waren. Eichen und Tannen konnten wegen ihrer langen Wachstumszeit nicht schnell genug nachwachsen. Es kam zu einer Auslichtung und einem Rückgang der Wälder. Dadurch wurde der Oberflächenabfluss des Wassers beschleunigt, so dass Ackerboden abgespült wurde und sich in den Flusstälern als Auelehmschichten ablagerte. In den Tälern breiteten sich Hochwasserbetten und Feuchtbiotope aus. Flussläufe verlagerten sich und Talböden wurden verbreitert. Hanglagen, die für *villae rusticae* beliebt waren, wurden der Erosion preisgegeben und erzielten weniger Ertrag. Im 4. Jh. n. Chr. wuchsen mit dem Rückgang der römischen Besiedlung aber in kurzer Zeit neue Auewälder nach und die Hochwasser gingen wieder zurück. Der Wald konnte sich trotz des Raubbaus erholen, aber das Landschaftsbild hatte sich insofern verändert, als die Eichen weitgehend verschwunden waren (Abb. 13).[72]

15. Gärten

Gärten waren bei den Römern in verschiedenen Formen sowohl in der Stadt als auch auf dem Land verbreitet. Bekannt sind sie v. a. von den Vesuvstädten Pompeji und Herculaneum bei Neapel, die im Jahre 79 n. Chr. von vulkanischem Material verschüttet wurden und umfassende Funde bergen. In der Hauptstadt selbst sind sie insofern schon für das mittlere 5. Jh. v. Chr. belegt, als das Zwölftafel-Gesetz Regelungen hinsichtlich der Grenzen benachbarter Grundstücke trifft (Taf. 7,2): Ein Ölbaum oder ein Feigenbaum darf nur in neun Fuß Abstand von der Nachbargrenze gepflanzt werden, die übrigen Bäume in fünf Fuß Abstand (vgl. Taf. 7,9 a/b u. 10; Plin. nat. 16,15). Der Garten bildete eine zentrale wirtschaftliche Grundlage, so dass das Bauerngut im Umfeld von Rom damals noch nicht als *villa*, sondern als *hortus* bezeichnet wurde (Plin. nat. 19,50).

Der Küchen- und Nutzgarten war die älteste Form römischer Gärten. Er ist seit dem 4./3. Jh. v. Chr. belegt und war in Pompeji bis ins 2. Jh. v. Chr. verbreitet. Private Wohnhäuser führen durch das Tablinum (Bilderraum) vom Atrium in einen kleinen Wirtschaftsgarten (*hortus*). Der Garten befand sich also im hinteren Teil der Parzellen und beinhaltete Gemüse, Obstbäume und einige Weinstöcke (Haus des Chirurgen; Haus des Sallust). Auch bei kleinen Häusern gab es mindestens eine Ecke für Kräuter und Blumen, so dass der allseitige Wunsch nach Begrünung spürbar wird. Der Peristylgarten hatte seinen Ursprung im Peristyl (Säulenumgang) des griechischen Hauses, das die Römer im späteren 2. Jh. v. Chr. übernommen und mittels künstlicher Bewässerung begrünt haben (Haus des Sallust; Haus der Vettier; Haus des Polybius). Neu ist, dass dieser Garten nicht mehr nur Nutzgarten, sondern auch Zier- und Lustgarten war (für den der Plural *horti* gebräuchlich wurde), auch wenn die Römer dies bis in die hohe Kaiserzeit nicht klar unterschieden. Sofern eine oder mehrere Portiken (Säulenhalle/Umgang) den Garten einfassten, ist von einem *xystus* die Rede, der sich oft als terrassenförmige Anlage vor der Längsfassade des Landhauses erstreckte. Der ummauerte Garten wird als *viridarium* (Lustgarten/Park) bezeichnet.

Bei den Römern herrschte die Tendenz zu tiefen, langgestreckten Gärten, die von drei Mauern eingefasst wurden, vor. Im Zentrum bzw. auf der Hauptachse befand sich oft ein Brunnen, Becken, Kanal oder Weg. Beim sog. Haus des Loreius Tiburtinus (= D. Octavius Quartio) in Pompeji gibt es eine Mittelachse mit verschachtelten Rahmenmotiven in Form von Pavillonelementen und Pergolen sowie einem Euripus als langgezogenem Wasserkanal (Abb. 14, 15), so dass der Blick von den Gemächern auf den Garten durch architektonische Ästhetik gelenkt wird. Dazu trat eine Ausstattung mit Skulpturen, Vasen, Gartenmöbeln und Zäunen aus Rohrgeflecht, welche die Beete abtrennten. Die Landschaft wurde oft in der Malerei an der Gartenrückwand oder im Haus mit Garten- und Tiergemälden fortgesetzt (Casa del Bracciale d'Oro). Im Garten selbst konnte unter Lauben auch ein Triklinium aufgestellt werden. Somit diente der Garten auch der kulturellen Unterhaltung und gesellschaftlichen Repräsentation.

Die Römer entwickelten eine reiche und bedeutende Gartenkunst. Der Beruf des Gartenkünstlers (*topiarius*) ist seit dem 1. Jh. v. Chr. überliefert (Cic.ad Q.fr.3,1,5: 54 v. Chr.; Plin.nat.

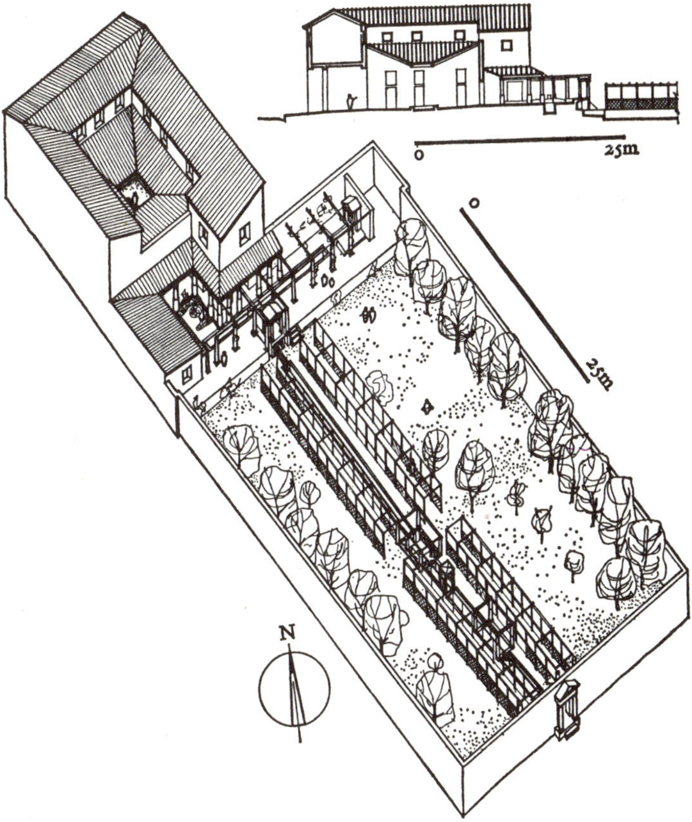

Abb. 14: Haus und Garten des Loreius Tiburtinus in Pompeji

12,22). Plinius d. Ae. (nat. 12,13) zufolge soll der Römer C. Matius in augusteischer Zeit die Kunst des Bäumeverschneidens erfunden haben. Darüber hinaus hat der Garten immer wieder Maler und Dichter inspiriert. Wenn Martial (1. Jh. n. Chr.) vom Garten in der Stadt träumt (epigr. 12,57: *rus in urbe*), so wird die Natur auch in Versform auf die Stadt projiziert.

Der Gartenbau war in der Antike ein wichtiger Zweig der Landwirtschaft und Selbstversorgung. Der Garten wurde als «zweite Speckseite» des Bauern bezeichnet (Cic. Cato 16,56). Er lieferte

Abb. 15: Haus und Garten des Loreius Tiburtinus in Pompeji

einen bedeutenden Beitrag zur Ernährung und stellte eine Ergänzung zum Feldbau dar, der das Getreide als Hauptnahrungsmittel lieferte. In Gärten wurde – gerade auch in der Stadt – Wein und Öl produziert, die ebenfalls als Grundnahrungsmittel dienten. Cato (agr.9) erwähnt im 2. Jh. v. Chr. den Vorstadtgarten mit Obstbäumen, Weintrauben und Oliven; zu den Äpfeln und Birnen kamen später auch Kirschen, die im Jahre 74 v. Chr. vom Schwarzen Meer importiert wurden (Plin.nat.15,102), sowie Aprikosen aus Armenien und Pfirsiche aus Persien hinzu. Von großer Bedeutung waren darüber hinaus Feigen (Cat.agr.10), die in vielen Sorten gezüchtet wurden. Neben die einheimischen Pflanzen war also eine große Bandbreite exotischer Gewächse in die Gärten getreten.

Plinius d. Ae. beginnt seine Botanik-Bücher (Naturkunde, Buch 12–17) mit den Frucht-, Wald- und Nutzbäumen; Buch 18 umfasst dann den Ackerbau, Buch 19 Gartenpflanzen, Buch 20–27

Heilmittel aus Pflanzen. In Buch 19,51 wird der Garten als der «Acker des Armen» bezeichnet; das Volk bezieht daraus seinen Unterhalt. Auch Columella äußert sich in Buch 10 und 11,3 seiner Landwirtschaft ausführlich zum Gartenbau. Wichtig im Zusammenhang mit der Nahrungsmittelversorgung ist roh essbares oder einlegbares Gemüse: Kohl, Salat, Zwiebeln, Kresse, Lauch, Gurken, Karotten und Rettich (Plin.nat.19,57 ff.). Daneben werden in den Quellen weitere Gartenpflanzen erwähnt, deren Reste in Pompeji auch gefunden wurden, darunter viel Immergrün: Efeu, Buchs, Lorbeer, Myrte, Zypresse, Akanthus, Zwergplatane, Rosmarin und Oleander; ferner Blumen, die Farben ins Spiel brachten, aber eine eher untergeordnete Rolle spielten (Lilien, Rosen, Chrysanthemen, Veilchen); diese sind auch auf dem Fresko mit Gartenszene in der Casa del Bracciale d'Oro dargestellt. Vielschichtig ist der Verwendungszweck der Pflanzen, wie wiederum Plinius zeigt. Bei den konkreten Pflanzenfunden werden sowohl kulinarische als auch medizinische und ornamentale Aspekte abgedeckt: Lorbeer und Efeu dienen zur Bekränzung, Oleander zur Verzierung und gegen Schlangenbisse.

Archäobotanische Befunde (Wurzellöcher, Pollen, Samen etc.) belegen für die pompejianischen Gärten eine Mischung aus Bäumen, Weinstöcken und Gemüse, wobei die Bäume und Reben auch als Schattenspender dienen konnten. Das Haus des Polybius beherbergte Feigenbäume, Obstbäume, einen Olivenbaum mit Leiter sowie an der Gartenmauer Spalierbäume und Haselnusssträucher. Das Haus mit dem Schiff Europa besaß einen kommerziell genutzten Obst- und Gemüsegarten mit Beeten und Wegen; nachgewiesen sind 416 Wurzellöcher, 28 Tonkrüge entlang der Mauer, zudem Reben, Ackerbohnen, Haselnüsse und Feigen. Im Garten der Caupona des Euxinus beim Amphitheater gab es neben zwei Bäumen 32 Weinstöcke und ein überdachtes Triklinium, wo offenbar auch der eigene Wein serviert wurde.[73]

Für Rom selbst sind neben den Hausgärten ca. 70 Stadt- und Villenparks zu verzeichnen. Stadtrömische Luxusvillen (*domus*) umfassten die größten Grünflächen der Stadt, auch wenn sie vorwiegend am Stadtrand bzw. auf den umliegenden Hügeln angesiedelt waren (Abb. 22). Die Vorliebe für luxuriöse Anwesen hielt in

Rom offenbar im 1. Jh. v. Chr. mit Lucullus und Pompeius, den Siegern über hellenistische Herrscher im Osten, Einzug und wurde von zahlreichen Persönlichkeiten wie Sallust, Caesar, Maecenas etc. fortgesetzt. Da sich die römischen Gärten und Parkanlagen in privater Hand befanden, waren sie der Öffentlichkeit nur bedingt zugänglich, etwa wenn die reichen Patrone sie für ihre Klienten öffneten oder eine Anlage für die Öffentlichkeit stifteten (*Porticus Pompeiana;* Mart.epigr.2,14,10). Caesar und Agrippa, Augustus' Schwiegersohn, Freund und Feldherr, vermachten ihre Gärten testamentarisch dem Volk (Suet.Iul.83; Dio 44,35,3; 54,29,4). Verschiedentlich übernahmen römische Kaiser und Kaiserinnen private Gärten und errichteten darin Gebäude zur öffentlichen Unterhaltung, etwa Thermen oder auch die Naumachia auf dem rechten Tiberufer (Suet.Aug.43), ein zur Aufführung von Seeschlachten angelegtes Wasserbecken. Auch die kaiserlichen Paläste und Villen waren mit prächtigen Gartenanlagen ausgestattet, sei es in Rom selbst (*Domus Augustana* mit Hippodrom auf dem Palatin) oder in Tivoli (*Villa Hadriana*, frühes 2. Jh. n. Chr.).

Insgesamt stellten die Gärten also einen wichtigen Beitrag für den Lebensunterhalt und die Erholung vom städtischen Treiben dar. Die Parks und Gärten verlagerten die Natur in die Stadt, Stadthäuser wurden mit Gärten als Naturersatz ausgestattet. Einen Höhepunkt bildete in dieser Beziehung die *Domus Aurea* von Nero, die inmitten von Rom dem Schema einer Land- oder Seevilla mit Garten und Wasseranlagen folgte, aber auch auf Kritik stieß (Tac. ann.15,42). Wie sich noch zeigen wird, wurden auch die ländlichen Villen der Oberschicht, die mit ihren Garten- und Parkanlagen in Italien See- und Flussufer verbauten, zum Ziel von Luxuskritik.

16. Tiere

Auch für die Römer war die Haltung von Tieren von grundlegender wirtschaftlicher und sozialer Bedeutung. Unter den Römern wurde die Tierzucht intensiviert und über das ganze Imperium Romanum ausgeweitet, so dass auch nördlich der Alpen neue Haustiere Einzug hielten: Esel, Maultiere, Pfauen, Fasanen, Katzen. Zudem wurden leistungsstärkere Arbeitsrinder und größere Pferde gezüchtet sowie die Geflügelhaltung intensiviert. Gleichzeitig wurden in den neu eroberten geographischen Räumen aber auch geeignete urtümliche Rassen beibehalten, wie v.a. bei den Schweinen, Schafen, Ziegen, Rindern und Gänsen zu beobachten ist.[74]

Neben dem wirtschaftlichen Nutzen kam unter den Römern insbesondere der unterhalterische Wert von Tieren zum Tragen. Tierparks und Wildgehege (*theriotropheía*) hatten schon die hellenistischen Herrscher gekannt, etwa Ptolemaios II. (285–246 v.Chr.) in Alexandria (Strab.3,36,3 f.; Athen.5,201 b–c). Seit dem 2. Jh. v. Chr. hielten Tiergehege (*leporaria, vivaria*), Vogelvolièren (*aviaria*) und Fischteiche (*piscinae*) auch auf den Landgütern der römischen Oberschicht Einzug. Rot- und Schwarzwild, Ziegen und Schafe dienten sowohl der Anschauung und Repräsentation als auch der Jagd und Ernährung.

Zur gleichen Zeit verbreitete sich in Rom und seinem Reich das Phänomen der öffentlichen Tierschau und Tierjagd. Die Römer pflegten einerseits die Zurschaustellung von Tieren in Käfigen, Gehegen und bei Triumphzügen. Andererseits wurde im Rahmen von Circusspielen und Gladiatorenkämpfen die Belustigung durch Tierhetzen (*venationes, munera*) eingeführt. Seit dem Jahre 186 v.Chr. gab es Schaujagden auf wilde und exotische Tiere, deren Spektrum sich laufend erweiterte: Löwen, Tiger, Panther, Leoparden, Giraffen, Elefanten, Nashörner, Flusspferde, Krokodile, Schlangen, Bären etc. Blutrünstige Tierkämpfe kosteten Heerscharen von exotischen Tieren das Leben und bedrohten in einigen Gegenden verschiedene Arten mit dem Aussterben – Themistios (or.10,140 a) zufolge den Elefanten in Libyen, den Löwen in Thessalien und das Nilpferd in den Nilsümpfen (vgl. Amm. Marc.22,15,24).

Caesar führte bei seinen Triumphen im Jahre 46 v.Chr. 400 Löwen, 40 Elefanten, thessalische Stiere sowie eine Giraffe vor (Suet. Iul.37; Plin.nat.8,53. 182; Dio 43,22 f.) und feierte damit seine Siege in Afrika und Ägypten. Augustus pries sich in seinem postum als Inschrift veröffentlichten Tatenbericht, 26 Tierhetzen abgehalten zu haben, bei denen 3500 Tiere getötet wurden (*Res gestae* 22). Kaiser Domitian (81–96 n.Chr.) pflegte auf seinem

Landsitz in den Albanerbergen mit dem Pfeilbogen auf wilde Tiere zu schießen: «Dass er auf seinem Sommersitz in Albanum mehrfach je hundert Tiere der verschiedensten Arten erlegte, haben viele Leute gesehen, auch, dass er absichtlich bei bestimmten Tieren so auf die Köpfe zielte, dass er ihnen durch zwei Pfeilschüsse gleichsam Hörner aufsetzte. Mitunter schoss er auf einen Jungen, der in einiger Entfernung stand und ihm als Zielscheibe die gespreizte rechte Hand darbot, die Pfeile mit solcher Geschicklichkeit ab, dass sie alle ohne Schaden durch die Zwischenräume der Finger hindurchflogen» (Suet.Dom.19). Kaiser Gordian III. (238–244 n. Chr.) unterhielt schließlich ein Wildgehege an der *Porta Praenestina* (Hist.Aug.Gord.33,1) in Rom, der heutigen Porta Maggiore, mit 32 Elefanten, 10 Elchen, 10 Tigern, 60 Löwen, 30 Leoparden, 10 Hyänen, 6 Flusspferden, einem Nashorn, 10 (weißen/wilden) Löwen, 10 Giraffen, 20 Wildeseln und 20 Wildpferden, die dann den Spielen zur 1000-Jahr-Feier Roms (Milleniumsspiele) im Jahre 248 n. Chr. zum Opfer fielen. Im 4. Jh. n. Chr. kam es zu ersten Verboten von Arenakämpfen, doch blieben die Tierhetzen auch unter christlichen Vorzeichen bis ans Ende der Antike erhalten.

Dort, wo Tiere künstlerisch dargestellt wurden, kam ihnen vorwiegend eine dienende Aufgabe zu, indem sie die menschliche Erhabenheit und Macht unterstützten, v. a. bei der Jagd. Kaiser Hadrian (117–138 n. Chr.) ist auf einem Tondo am Konstantinsbogen in Rom auf der Eberjagd dargestellt. Sarkophage mit Jagdszenen versinnbildlichen den Sieg bzw. die *virtus* (Tapferkeit) des Grabherrn – im Gegensatz zum gefallenen Jagdgehilfen – und lassen auf ewiges Leben hoffen. Die große Jagd auf dem Fußbodenmosaik in der spätrömischen Palastvilla bei Piazza Armerina (Sizilien, um 300 n. Chr.) erstreckt sich über einen 64 Meter langen Korridor. Sie spielt in einer exotischen Hügellandschaft, mit Personifikationen Asiens und Afrikas in den Apsiden; Raubkatzen reißen Antilopen; wilde Tiere werden mit Netzen und Seilen eingefangen sowie – unter Aufsicht kaiserlicher Beamter – in fahrbaren Käfigen auf Schiffe verladen und nach Italien verfrachtet.[75]

Insgesamt ist festzustellen, dass zwischen Mensch und Tier ein paradoxes Verhältnis bestand, das einerseits von persönlicher Verbundenheit und Pflege, andererseits von Hetze und Ausbeutung geprägt war. Als vorbildlich galt die Tierwelt schon in Vergils Gleichnis vom gut organisierten Bienenstaat (georg.4,149–227, bes. 220). Plinius d. Ae. (23/4–79 n. Chr.) widmete vier Bücher seiner 37 Bände umfassenden Naturkunde der Zoologie und bezeichnete am Beginn (8,1) den Elefanten als dem Menschen am ähnlichsten. Auch wenn die Tiere Teil der Natur waren, so blieb dennoch der Mensch oberster Bezugspunkt. Er konnte weiterhin über die Tiere verfügen, wobei er von philosophischer Seite zur Schonung angehalten wurde.

Die Neupythagoreer wandten sich gegen den Anthropozentrismus und traten für den Schutz von Tieren und Vegetarismus ein. Für Plutarch (ca. 45–vor 125 n. Chr.) waren Tiere von Natur aus besser zur Tugend und Mäßigung befähigt als der Mensch (mor. 987 b–f; 988 f–991 d); zudem besäßen sie natürliche Intelligenz und Vernunft (991 f–992 a); Fleischnahrung wurde als schädlich bezeichnet (995 c–996 a), um sinnloses Abschlachten um des Genusses willen zu verhindern (997 d–e). Schließlich wurden Fleischspeisen auch von Porphyrios (ca. 234–305/310 n. Chr.) ausdrücklich abgelehnt (abst. 3,1 ff.). Das frühe Christentum und das Neue Testament brachten insofern eine gewisse Annäherung des Göttlichen an die Tiere mit sich, als Tieropfer entfielen und Tiere zumindest symbolhaft als Teil der Schöpfung positiv konnotiert waren: das Lamm Gottes, der Heilige Geist als Taube, der Gute Hirte.

17. Ernährung

Die Römer kannten sowohl Frühstück als auch Mittag- und Abendessen (*ientaculum, prandium, cena),* wobei die beiden Ersteren nur als Nebenmahlzeiten galten und vorwiegend kalt gegessen wurden. Morgens gab es oft Wasser, dazu Brot und Käse, z. T. auch Eier, Oliven, Kapern oder Milch und Honig; auch das Mittagessen konnte sich auf ein Stück Brot mit Käse beschränken oder aus kaltem Fleisch, Räucherwaren, Gemüse und Obst bestehen, zu dem Wasser oder Wein als Hauptgetränk getrunken wurde. Hauptmahlzeit war die abendliche *cena*, welche in der Oberschicht mitunter ausgiebig zelebriert wurde, verbunden mit gegenseitigen Einladungen. Wohlhabende verfügten dafür über einen eigenen Raum in ihrem Haus, das *triclinium*, in dem Männer und Frauen im Liegen aßen, Kinder im Sitzen; die Ordnung auf den drei leicht ansteigenden Liegebetten, auf denen jeweils drei Personen Platz fanden, war hierarchisch abgestuft; Bedienstete trugen das Essen auf.

Eine komplette *cena* umfasste drei Teile. Die meist kalt servierte Vorspeise (*gustatio*) bestand aus Salaten, rohem Gemüse, Eiern sowie Fisch oder Schalentieren. Der Hauptgang beinhaltete Gerichte aus gekochtem Gemüse und Fleisch. Der Nachtisch (*secunda mensa*) enthielt Gebäck und Früchte. Der Ablauf des Abendmahls war ritualisiert, wobei ein erstes Trankopfer das Gelage eröffnete. Nach den Vorspeisen trank man Honigwein (*mulsum*); zwischen den anderen Gängen wurden die Trinkschalen mit verschiedensten anderen Weinen gefüllt. Nach dem Hauptgang wurde den Laren als Schutzgöttern des Hauses geopfert. Im Anschluss an die *cena* folgte beim Gastmahl eine *comissatio*, ein Gelage mit festen Trinksitten, in der die Trinkschale – unter verschiedenen Trinksprüchen – weitergereicht wurde. Somit konnte ein Gastmahl (*convivium*) 8–10 Stunden bzw. bis zum Morgengrauen dauern, begleitet von vielen Darbietungen wie Musik, Tanz und Spielen.

In Rom wurden nicht nur Getreide, Wein und Öl aus den ertragreichen Provinzen importiert. Auch andere Nahrungsmittel und Delikatessen wurden im ganzen Reich über weite Strecken transportiert, so dass verschiedene Produkte aus spezialisierten Gebieten stammten: insbesondere Fischsauce (*garum*) aus Spanien, Wurstwaren aus Gallien, Gewürze aus dem Orient, Zitronen und Granatäpfel aus Afrika, Datteln aus den Oasen, Pflaumen aus Damaskus, Austern von der Nordsee. Wein, Fischsauce und Öl wurden in Amphoren befördert, die am Tiber im Süden von Rom zu einem riesigen Scherbenberg, dem heutigen Monte Testaccio, anwuchsen und entsprechende Gerüche verbreiteten. Der Lebensmitteltransport konnte somit zumindest lokal durchaus umweltbelastende Auswirkungen haben. Insgesamt trug er zur Ausbreitung der mediterranen Küche bei, auch wenn in den Provinzen regionale Traditionen und Vorlieben bestehen blieben.

Beim Wein gab es die unterschiedlichsten Sorten – vom erstklassigen Falerner bis zum minderwertigen Vatikaner und Marseiller, die z.T. durch eingekochten Trauben- und Mostsaft versüßt wurden (Plin.nat.14,68. 80. 130; Mart.epigr.9,93; 10,36. 45). Dadurch konnte Blei in den Wein gelangen und gesundheitsschädigende Auswirkungen haben. Um den Wein zu konservieren, wurden zudem Harz oder Pech beigefügt und die Amphoren verschlossen. Zum Trinken wurde der Wein in einen Mischkrug gesiebt, mit gekühltem oder auch gewärmtem Wasser angereichert und schließlich in die Schalen gefüllt. Die Probleme, die sich durch das Weinpanschen ergaben, waren zwar bekannt (Plin.nat.14,68. 130), wurden aber nie systematisch angegangen – wie sich auch beim Blei in den Wasserleitungen noch zeigen wird.

Die Nahrung der einfachen Römer war größtenteils vegetarisch. Typisches Nahrungsmittel der Ärmeren war dunkles, grob gemahlenes Brot aus Gerste bzw. Getreidebrei (*puls*) aus Wasser, Öl und Gerste; besser und teurer war Weizen, aus dem auch helles Brot hergestellt wurde. Konsumiert wurden außerdem Obst und Gemüse (Kohl, Knoblauch, Zwiebeln, Rüben), Hülsenfrüchte (Bohnen, Linsen, Erbsenbrei, z.T. mit Schweinespeck angereichert), Käse (*moretum*: Kräuterkäse), Eier, eingelegter Fisch, seltener Fleisch, da es in der Regel zu teuer war. Als Getränke dienten Wasser oder Wein, wobei in einigen Provinzen das billigere und in Rom verpönte Bier bevorzugt wurde. Einfache Nahrung galt ansonsten als Beweis für Bildung und Mäßigung, so dass auch Seneca dazu aufrief (epist.2,17 f.). Selbst Kaiser Traian (98–117 n.Chr.) zelebrierte bescheidene *cenae*, begleitet von kultivierten Aufführungen und Gesprächen (Plin.paneg. 49,5 ff.).

Kochrezepte waren schon in der frühen Kaiserzeit im Umlauf. Aus diesen wurde um 400 n.Chr. unter dem Namen des Apicius eine vielfältige Sammlung (*De re coquinaria*) zusammengestellt, die im Unterschied zu modernen Rezepten z.T. aber nur rudimentäre Mengenangaben enthält. Ein grundsätzlicher Unterschied zur Ernährung in der Neuzeit besteht im Fehlen von Zucker und geringen Einsatz von Salz, das vorwiegend aus dem Meer gewonnen und als Konservierungsmittel eingesetzt wurde. An deren Stelle traten Honig und Fischsauce (*garum*). Ferner gab es weder Kartoffeln noch Tomaten oder Mais und wenig Reis.

Zur Berechnung von Portionen und Kalorien der römischen Ernährung dienen insbesondere die Angaben von Cato (agr. 56 ff.) aus der ersten Hälfte des 2. Jh. v. Chr., die beachtliche Zahlen ergeben: Während für einen Gutsverwalter pro Tag 0,7 kg Weizen und 0,57 Liter Wein eingeplant waren, sind für die Arbeitssklaven bis 1,6 kg Weizenbrot und 0,72 Liter Wein vorgesehen, was – zusammen mit dem Öl – ca. 2700 bzw. 4900 kcal erzeugt. Gemäß dem Historiker Polybios (6,39) bezog ein Soldat im mittleren 2. Jh. v. Chr. im Monat ca. 35 Liter bzw. 27 kg Weizen, also 0,9 kg pro Tag, was ca. 2990 kcal ergibt. Soldaten erhielten zudem häufiger Speck, Käse, Salz, Essig und Zwieback (Hist.Aug.Avid. 5,3). Spätrömische Papyri aus Ägypten nennen als tägliche Ration eines Soldaten 3 römische Pfund (= 969 g) Brot, 2 Pfund (= 646 g) Fleisch oder Speck, 1,1 Liter Wein und 0,7 Deziliter Öl.[76]

Anders präsentierte sich die Situation in der Hauptstadt Rom, wo Gaius Gracchus im Jahre 123/2 v. Chr. Nahrungsmittelverteilungen einführte und dazu auch Getreidespeicher bauen ließ (Plut. C. Gracch. 6 f.). Ärmere Bürger erhielten als Getreideempfänger im 1. Jh. v. Chr. ca. 44 Liter Weizen im Monat, also wenig mehr als die Arbeiter und die Sklaven bei Cato (ca. 35–39 Liter). Mit dieser Ration mussten sie ihre Familie ernähren und dafür anfänglich auch eine bestimmte Summe zahlen, die mehrere Tagesverdienste ausmachte.[77] Sallust sprach dementsprechend von Gefängniskost (hist. 3,48,19). Zudem beschränkten Caesar und Augustus die Zahl der Bezieher auf 150 000 bzw. 200 000 (Suet.Iul. 41; Dio 55,10,1), so dass ein größerer Teil der Millionenstadt leer ausging und verschiedentlich Mangelsituationen und Unterernährung eintraten.

Nach gängiger Meinung versorgten sich niedrige Bevölkerungsschichten im städtischen Bereich in Tabernen, was freilich nicht verallgemeinert werden darf. Tabernen weisen zur Straße hin oft eine L-förmige Theke auf, die mit bis zu sechs Dolien (großen Tongefäßen) als Lebensmittelbehältern ausgestattet sein können (Abb. 16, 17). Überreste vom einstigen Inhalt deuten in Pompeji auf Erbsensuppe, in Herculaneum auf Gemüse und Getreide. Herdstellen konnten in die Theke eingelassen werden oder separat stehen. An

Abb. 16: Taberne im Thermopolium der Via di Diana in Ostia

den Seiten gab es gemauerte Stufen- oder Wandregale, auf denen Trinkbecher, Gläser, Geschirr und Gefäße aufbewahrt wurden. Solche Tabernen-Einheiten wurden z. T. mit mehreren Räumen kombiniert und konnten somit als Gasthäuser dienen (*popina, hospitium, stabulum*) – oder auch nur einen Teil eines Privathauses einnehmen.

Für eine *popina* sind mindestens drei Räume anzunehmen: Küche, Speiseraum und Tabernen-Einheit. Ein *hospitium* bot darüber hinaus Übernachtungsmöglichkeiten, teilweise mit einem *stabulum* für Wagen und Pferde im Hinterhof. Solche Gaststätten und Wirtshäuser sind in den Provinzen archäologisch kaum nachgewiesen, aber dennoch belegt, etwa durch Grabsteine mit Wirtshausszenen in Augsburg und Regensburg. Schriftliche Quellen zeigen, dass auf dem Lande Gastbetriebe für Reisende (*mansiones*) vorhanden waren, die auch von der Oberschicht genutzt wurden (Hor.sat.1,5; Mart.epigr.6,94).

Insgesamt gab es ein breites Spektrum an Restaurationsbetrieben, die z. T. auch für Vornehme nutzbar waren. Diese konnten jedoch nie das private Gastmahl zu Hause ersetzen. Andererseits ist fraglich, wie hoch der Prozentsatz derjenigen Plebejer bzw. Ange-

Abb. 17: Thermopolium der Via di Diana in Ostia

hörigen der Unterschicht war, die sich das Essen in Tabernen kaufen konnten; zumindest in der Hauptstadt Rom stand schließlich einigen Bürgern eine staatliche Getreideration zu, die sie selbst verarbeiten konnten oder zu Brot backen ließen. Auf dem Land war die Lage insofern anders, als sich die bäuerliche Bevölkerung selbst versorgte.

18. Feuer und Wasser

Feuer in Rom

Das Feuer hatte auch in Rom religiösen Gehalt und kannte entsprechende kultische Verehrung. Zu Ehren des Feuergottes Volcanus wurde im August jeweils das Volcanalia-Fest abgehalten. Die Eigenschaften der griechischen Herdgöttin Hestia verkörperte in

Rom die latinische Feuergöttin Vesta, die Göttin des Staatsherdes. Ihr war ein Rundtempel am Forum Romanum als zentralem Platz der Gemeinschaft geweiht. Dort befand sich ein Herd mit dem ewigen Feuer, das die Jungfrauen im priesterlichen Dienst, die Vestalinnen, hüten mussten. Das Heiligtum war zugleich Vorratskammer des Staates unter dem Schutz der Penaten, deren Kultbild (Palladium) hier aufbewahrt wurde. Die sechs Vestalinnen genossen große Ehren und Vorrechte, weil sie Reinheit verkörperten und Entsühnung ermöglichten. Da sie jungfräulich waren und ihre Unberührbarkeit aufgespeicherte Fruchtbarkeit versinnbildlichte, waren sie für die Wachstums- und Fruchtbarkeitsriten wichtig. Als oberstes Gebot galt neben der Jungfräulichkeit der Erhalt des ewigen Feuers, als Ausdruck von Sozietät. Beim Erlöschen des Feuers drohte den Vestalinnen die Auspeitschung (Dion.Hal.2,67).

Für Rom ist darüber hinaus ein rationaler, politischer Aspekt des Feuers zu fassen, denn dieses konnte auch als Herrschaftsmittel dienstbar gemacht werden. Die Quellen beziehen sich hier – wie auch im Falle des Wassers – in erster Linie auf die Hauptstadt selbst. Im Rahmen der städtischen Siedlung wurde der Brandgefahr durch organisatorische Maßnahmen begegnet. Dies verlieh den betreffenden Akteuren gleichzeitig politische Legitimation, denn in Rom hatte es zur Zeit der Republik häufig Feuer gegeben. Besonders gegen Ende der Republik sind wiederholt heftige Brandkatastrophen belegt: Im Jahre 50 v. Chr. zerstörte ein Großbrand zahlreiche Stadtteile (14 *vici*); ein Jahr später gab es ein Erdbeben mit Bränden, die viele Wohnquartiere zerstörten. Es war die Zeit, in der das alte republikanische System auseinanderbrach. Die Senatsherrschaft hatte sich als ungeeignet erwiesen, die Probleme Roms und seines Weltreiches zu bewältigen; die Führungselite war zerstritten. In dieser Situation riss Caesar mit seinen Truppen die Macht an sich und begann, die Verhältnisse neu zu ordnen, wurde aber im Jahre 44 v. Chr. ermordet.

Die Brandgefahr in der Hauptstadt Rom beruhte hauptsächlich auf dem Holz, das nach wie vor das verbreitetste Baumaterial für die einfacheren Wohnhäuser darstellte. Probleme ergaben sich nicht nur durch Herdstellen, sondern auch durch zahlreiche offene Feuer wie Kerzen, Fackeln, Öllampen und Kohlebecken zum Heizen und Kochen. Brandherde bedrohten Holzdecken und hölzerne Verschläge in den oberen Geschossen, mit denen auf spekulative Weise zusätzlicher Mietraum geschaffen wurde. In den engen Straßen und hohen Gebäuden herrschte Wohnungsnot, aus der Profit geschlagen wurde. Der Politiker und Finanzmann M. Licinius Crassus (115–53 v. Chr.) besaß einen Trupp von 500 Bauarbeitern und betrieb zugleich Immobilienspekulation. Er kaufte Häuser, die in Flammen standen oder neben einem Brandherd lagen, und baute auf den Grund neue, gewinnbringende Mietshäuser (Plut.Crass. 2. 34).

Für den Hausbau gab es keine effektiven Vorschriften. Versicherungen, Feuerwehr und Polizei fehlten. Die Brandbekämpfung war unzureichend. Sie umfasste nur wenige Beamte zur Brandüberwachung, die *tresviri nocturni*, die bei Nacht für die Aufrechterhaltung der Ordnung sorgen sollten. Es gab nur einen kleinen Trupp von Staatssklaven, der bei Großfeuern wirkungslos blieb. Daher war Nachbarschaftshilfe verbreitet, und private Anstrengungen waren erforderlich. M. Egnatius Rufus, der ca. 22/1 v. Chr. das Amt des Aedilen und somit die Aufsicht über Straßen, Plätze und Märkte innehatte, setzte in den 20er Jahren private sowie angeheuerte Sklaven zur Brandbekämpfung ein und erreichte damit große Popularität. Vom neuen Machthaber Augustus, der im Jahre 27 v. Chr. die Herrschaft übernommen hatte, wurde er aber der Verschwörung beschuldigt und umgebracht (Vell.2,91,3).

Augustus selbst ergriff als erster Kaiser Roms nur allmählich geeignete Maßnahmen gegen die Feuergefahr. Im Jahre 23 v. Chr. stellte er zunächst eine Feuerwehr auf, für die einige *vigiles* («Wächter») einberufen und den Aedilen unterstellt wurden. Diese war anfänglich nur rudimentär organisiert und trat dementsprechend wenig effizient in Erscheinung. Eine Umstrukturierung der Feuerwehr erfolgte anlässlich der Neueinteilung Roms im Jahre 7 v. Chr., bei der die vier angestammten Stadtregionen aufgehoben bzw. durch 14 Regionen und ca. 265 *vici* abgelöst wurden. Diese erhielten eine Selbstverwaltung durch Kollegien (aus je 4 *vicomagistri*), welche sich aus niedrigen Bevölkerungsschichten bzw. Freigelassenen rekrutierten.

Nach erneuten Feuersbrünsten formierte Augustus im Jahre 6 n. Chr. sieben Kohorten als feste Feuerwehrmannschaft, wobei jede Kohorte für zwei der 14 Stadtregionen zuständig war. Diese paramilitärischen Truppen aus insgesamt 7000 Freigelassenen standen unter der Leitung eines *praefectus vigilum* aus dem Ritterstand, der vom Kaiser ernannt und diesem direkt unterstellt war (Dio 52,24,6. 33,1; 55,26,4 f.). Die professionelle Mannschaft konnte nicht nur verstärkte Brandbekämpfung, sondern auch dauerhafte Ordnungspräsenz des Herrschers in den Quartieren gewährleisten. Es gab sieben Kasernen als Wachposten an der Stadtmauer sowie kleinere Wachlokale über die ganze Stadt verteilt. Trotzdem hatten die Truppen eher vorbeugende Funktion, da sie gegen schweres Feuer machtlos waren. Hier half auch die von Augustus erlassene Bauvorschrift wenig, welche die Höhe der Häuser auf 70 Fuß (= 20,7 m) bzw. rund 6–7 Stockwerke begrenzte (Strab. 5,3,7).

Der bekannteste Brand Roms brach in der Nacht vom 18./19. Juli 64 n. Chr. aus und dauerte neun Tage. Kaiser Nero (54–68 n. Chr.), der sich in Antium aufgehalten hatte, eilte nach Rom und leitete Hilfsaktionen ein; trotzdem entstand das Gerücht, dass er den Brand selbst angeordnet hatte (Tac. ann. 15,38–44). Die Schuld wurde anschließend den Christen zugeschoben, die beim Volk mehrheitlich verhasst waren und schwere Strafe erlitten. Beim Brand waren von 14 Quartieren nur vier verschont geblieben, drei bis auf den Grund zerstört, von sieben waren nur wenige Häuserreste übriggeblieben. Der Bauschutt wurde in die Sümpfe bei Ostia entsorgt. Die Anzahl der menschlichen Opfer bleibt unbekannt, auch wenn ein paar Tausend Tote zu vermuten sind.

Nach der Brandkatastrophe vom Jahre 64 n. Chr. wurde der umfassendste Versuch unternommen, die stadtrömischen Wohnviertel zu sanieren und zu modernisieren (Tac. ann. 15,43). Nero ließ anstelle der engen und verwinkelten Gassen regelmäßigere, breitere Straßenzüge anlegen, die zu den Häusern hin mit Säulengängen versehen wurden. Zur Verhinderung neuer Brände sollten gemeinsame Mauern angrenzender Gebäude und brennbare Materialien vermieden werden, wobei vermehrt feuerfeste Gesteine zum Einsatz kamen und Löschgeräte bereitgestellt wurden. Ferner wurde die Höhe der Gebäude weiter begrenzt, so dass sie unter Traian 60 Fuß (= 17,7 m) betrug (Aur.Vict.epit.Caes. 13,13). Diese Maßnahmen griffen aber nur bedingt, denn das Stadtbild war weiterhin von verwinkelten Straßenzügen geprägt. Die Feuergefahr konnte nie wirklich beseitigt werden, so dass es immer wieder zu Bränden kam.

Wasserversorgung und Abwasserentsorgung in Rom

Zu den logistischen Problemen der Großstadt gehörten auch die Versorgung mit Wasser sowie die Entsorgung von Abwasser. Rom kannte schon relativ früh eine gute Wasserversorgung, die auch einen gewissen Hygienestandard mit sich brachte. Die Römer knüpften dabei wiederum an Errungenschaften an, die schon bei den Griechen zu beobachten waren. Nachdem das Trinkwasser zunächst aus dem Tiber und aus Brunnen geschöpft worden war, wurde es seit dem späten 4. Jh. v. Chr. über immer längere und höhere Fernwasserleitungen zugeführt.

Zur Zeit der Republik entstanden vier Leitungen: Aqua Appia (312 v. Chr.), Anio Vetus (272 v. Chr.), Aqua Marcia (144–140 v. Chr.) und Aqua Tepula (126 v. Chr.), die Wasser aus dem Aniotal bzw. den Albanerbergen im Falle der Aqua Tepula fassten (Abb. 18). Das Wasser trat auf den erhöhten Gebieten der um Rom gruppierten Hügel ins Stadtgebiet ein, von wo es aus Wasserkastellen über Ton- und Bleirohre auf die niedriger gelegenen Quartiere verteilt wurde. Trotz des Durchlaufsystems wurde das Wasser nicht verschwendet, sondern mehrfach abgefangen oder in Haushalte und Gärten geführt. Anfänglich wurde freilich nur wenig Überlaufwasser an Privatpersonen geleitet. Ziel war nicht die umfassende Versorgung der einzelnen Häuser. Es ging zunächst darum, öffentliche Brunnen mit Trinkwasser zu speisen.

Schon im 6. Jh. v. Chr. waren in Rom das Forum entwässert und die Cloaca Maxima errichtet worden, die als großer Sammelkanal in den Tiber führte. Sie wurde für die nächsten Jahrhunderte zum wichtigsten Abwasserkanal und erfuhr stetigen Ausbau – der z. T. bis heute Bestand hat. Bis zum 1. Jh. v. Chr. war ein umfangreiches

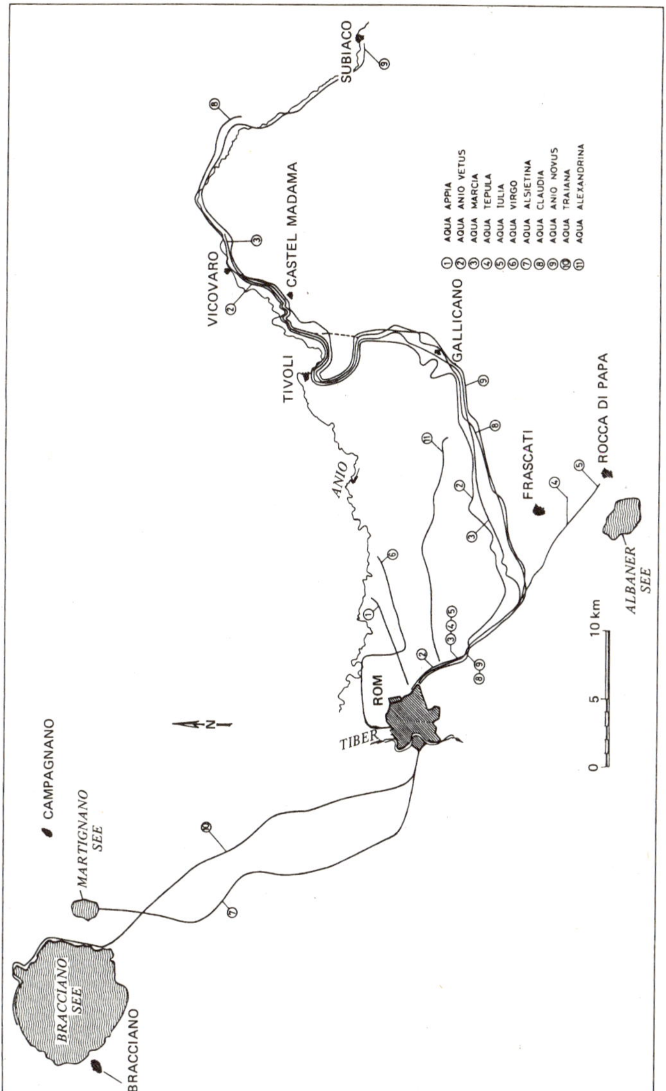

Abb. 18: Die Fernwasserleitungen Roms

Kanalisationssystem aufgebaut, das aber auch etliche Gefahren mit sich brachte. Probleme drohten durch den Gestank der Abwasserkanäle bei Trockenheit, den Rückstau der Kanalisation bei Tiberhochwasser (Plin.nat.36,105) und den ungenügenden Abfluss der Kanäle bei Verunreinigungen. Kloaken dienten nicht nur der Reinigung, sondern bargen Fäulnisgase und Krankheitserreger, die wiederholt zu Seuchen führten.[78] Dem konnte nur mit einer möglichst großen Durchschwemmung entgegengetreten werden, die offenbar auch zur Verbesserung der Luft beitrug (Front.aqu.88. 111).

Im Jahre 312 v. Chr. hatte der Staat grundsätzlich die Verantwortung für die Wasserzuleitung übernommen. Die Wasserversorgung wurde damit als überfamiliäres, gemeinschaftliches Problem angegangen. Die Finanzierung erfolgte aus Kriegsbeute, die Verwaltung durch ordentliche Beamte: Censoren (die alle fünf Jahre gewählt wurden und u. a. für die Vergabe öffentlicher Aufträge zuständig waren), Aedilen, z. T. spezielle Kommissionen. Rom war im Gegensatz zu vielen anderen Städten nicht mehr ausschließlich auf die Freigebigkeit Einzelner angewiesen. Der Staat baute Leitungen und stellte Wasser in der Öffentlichkeit kostenlos zur Verfügung. Privatanschlüsse galten als Vergünstigungen für verdiente Persönlichkeiten und mussten wohl von der Volksversammlung abgesegnet werden.

Nach der Errichtung der ersten vier Aquädukte bis zum Jahre 126 v. Chr. war die Bautätigkeit aber weitgehend zum Erliegen gekommen. Für den Unterhalt der Leitungen stand noch keine feste Verwaltung zur Verfügung; die angestammten Gremien der Aedilen und Censoren waren damit bald überfordert. Am Ende der Republik bestand daher Handlungsbedarf, auf den Augustus als erster Kaiser reagierte. Dabei wurde ein neues Prinzip verfolgt: Privatpersonen bezahlten den Wasserunterhalt, d. h. er erfolgte aus privaten Spenden des Kaisers oder anderer Angehöriger der Oberschicht.

Die Aufgabe der Wasserversorgung übernahm M. Vipsanius Agrippa, ein Jugendfreund des Augustus, im Jahre 31 v. Chr. Sieger von Actium im Kampf gegen Antonius und Kleopatra sowie ab 21 v. Chr. auch Schwiegersohn des Augustus. Agrippa setzte eigene

Mittel für den Ausbau und Unterhalt der Wasserleitungen ein, im Sinne von propagandistischen Spenden an die römische Plebs. Die Arbeiten wurden möglicherweise schon während der Praetur Agrippas im Jahre 40 v. Chr., spätestens jedoch im Jahre 33 v. Chr. während dessen Aedilität aufgenommen (Front.aqu.9), die er speziell zu diesem Zweck übernommen hatte. Als neue Leitungen entstanden die Aqua Iulia (33 v. Chr.; evtl. 40 v. Chr. begonnen) und die Aqua Virgo (21–19 v. Chr.), durch die auf dem Marsfeld die ersten öffentlichen Thermen mit Wasser versorgt wurden. Dadurch wurde die Wasserzufuhr in Rom insgesamt wesentlich erhöht.

Agrippa handelte mit Senatsgenehmigung, aber aus eigenem Entschluss und auf eigene Kosten. Er setzte 240 eigene Sklaven (sog. *aquarii*) ein. Damit legte Agrippa den Grundstein für den professionellen Verwaltungsbereich der Wasserversorgung und wurde zweiter Mann im Staate. Gleichzeitig dürfte er das in der Kaiserzeit übliche System der genormten Bleirohre (*quinariae*) eingeführt haben, was die Voraussetzung für eine umfassendere Abgabe an Privatanschlüsse darstellte (Front.aqu.25 ff.).

Nach dem Tod Agrippas im Jahre 12 v. Chr. sah sich Augustus gezwungen, selbst die Verantwortung für die Wasserversorgung zu übernehmen. Es galt, das private Engagement Agrippas staatlich zu sichern. Die Sklaven Agrippas wurden daher der Öffentlichkeit übergeben und erhielten als Staatsangestellte die Bezeichnung *familia publica*. Die Regelungen Agrippas wurden in einem Edikt veröffentlicht. Zudem schufen verschiedene Senatsbeschlüsse des Jahres 11 v. Chr. sowie die *lex Quinctia* des Jahres 9 v. Chr. eine solide gesetzliche Grundlage für die Verwaltung der Wasserleitungen (Front.aqu.125 ff.). Die *lex Quinctia* regelte den Schutz der Wasserleitungen und wandte sich gegen Diebstahl von Wasser. Im Jahre 11 v. Chr. wurde auch eine *cura aquarum* eingerichtet: Drei verdiente Männer aus dem Senatorenstand (Konsulare, also ehemalige Konsuln) wurden vom Kaiser unbefristet als *curatores aquarum* für die Wasserversorgung eingesetzt und mit 700 Mitarbeitern ausgestattet. Ihre Aufgabe umfasste die Erhaltung der Bauten und Personalbeaufsichtigung, Genehmigungsverfahren für Privatanschlüsse sowie die rechtliche Regelung von Streitfällen und Vergehen (Front.aqu.98 ff.).

Unter der Herrschaft des Augustus wurden im weiteren die Aqua Alsietina und mehrere andere Kanäle mit Namen «Augusta» angelegt (Front.aqu.11 f.). Die Leitungen wurden stellenweise alle 70 Meter mit Markierungssteinen (*cippi*) versehen, was eine bessere Kontrolle ermöglichte. Durch die Alsietina wurde im Gebiet rechts des Tibers, dem heutigen Trastevere, die sog. Naumachia gespeist: ein riesiges Wasserbecken zur Aufführung künstlicher Seeschlachten und ähnlicher Unterhaltungsspektakel (Front.aqu.11). Insgesamt hatte sich die der Hauptstadt zugeführte Wassermenge unter Augustus mehr als verdoppelt. Dem ersten Kaiser Roms war eine nahtlose Überführung dieser öffentlichen Aufgabe in seinen persönlichen Zuständigkeitsbereich geglückt, ohne den Senat zu brüskieren. Eine staatliche Aufgabe trat unter die Ägide des Kaisers. Dementsprechend wurden Privatanschlüsse fortan nicht mehr von der Volksversammlung, sondern vom Kaiser selbst zugeteilt. Die Wasserzuleitung erfolgte durch die Sondergenehmigung des Kaisers als *beneficium*, so dass anstelle des persönlichen Verdienstes kaiserliche Gunst über private Wohlfahrt entschied.

Ein Problem stellten auch die wiederholt aufgetretenen Tiberüberschwemmungen dar, die ganze Stadtteile Roms überfluten und beträchtliche Schäden anrichten konnten. Daher soll schon Caesar Pläne gehegt haben, den Tiber großflächig einzudämmen und umzuleiten (Cic.Att.13,33,1; Plut.Caes. 58,4). Unter Augustus war das Tiberbett gereinigt worden, um einen besseren Abfluss der Wassermassen und überflutenden Kanäle zu erreichen (Suet.Aug.30). Im Jahre 15 n.Chr. wurden anlässlich einer Überschwemmung unter Kaiser Tiberius, dem Nachfolger des Augustus, fünf Kuratoren für das Bett und die Ufer des Tibers bestellt (*curatores alvei et riparum Tiberis*) und zwei Senatoren mit der Abklärung einer umfassenden Tiberregulierung beauftragt (Dio 57,14,7 f.). Dazu wurde die Eindämmung von Nebenflüssen ins Auge gefasst: Der Clanis sollte vom Tiber in den Arnus umgeleitet, das Wasser des Nar ebenfalls abgeleitet und der Velinersee abgedämmt werden, statt sich in den Nar zu ergießen. Die betroffenen Anrainer befürchteten jedoch ihrerseits Überschwemmungen und brachten auch religiöse Bedenken vor, so dass das Projekt schließlich fallen gelassen wurde

(Tac.ann.1,76. 79). Der Tiber konnte auf seinem Weg zum Meer weiterhin großen Schaden anrichten (Plin.epist.8,17).

Kaiser Claudius (41–54 n. Chr.) führte anschließend in Rom das Amt des *procurator aquarum* ein (Front.aqu.105), als eine Art Exekutive neben den Kommissionären der *cura aquarum*; der Mitarbeiterstab wurde auf 460 (kaiserliche) Sklaven und Freigelassene erhöht (*familia Caesaris*; Front.aqu.116), so dass die Wasserversorgung die höchste Zahl an Bediensteten aufwies. Die Zahl der Fernwasserleitungen wurde nochmals um zwei erhöht, nämlich die Aqua Claudia und Anio Novus (38–52 n. Chr.).

Unter Kaiser Nerva wurde im Jahre 97 n. Chr. Sextus Iulius Frontinus *curator aquarum* und verfasste die Schrift *De aquaeductu urbis Romae*, in der die Leitungen, die Verteilung des Wassers und die Rechtsregeln beschrieben sind. Dabei wird auch die Wasserqualität der verschiedenen Leitungen beurteilt (aqu.89 ff.) und die Bestrafung von Verunreinigung erwähnt (aqu.97). Aufgrund der Angaben bei Frontin (aqu.78) ist die Tageskapazität für das 1. Jh. n. Chr. auf ca. 500 000–600 000 Kubikmeter geschätzt worden,[79] zusammen mit den beiden zuletzt gebauten Leitungen, der Aqua Traiana (109–117 n. Chr.) und der Aqua Alexandrina (226 n. Chr.), sogar auf bis zu 1 Million Kubikmeter, also ca. 500–600 bzw. 1000 Liter pro Kopf und Tag, was ungefähr dem Doppelten oder sogar Vierfachen der heutigen Kapazität entspräche. Dabei wurde aber nur die Fließfläche, nicht die Fließgeschwindigkeit berücksichtigt. Eine neuere Schätzung von Ch. Bruun ergibt nämlich nur 67 Liter pro Tag,[80] so dass hier keinerlei Sicherheit zu erreichen ist.

Das Leitungssystem hatte unter Frontin eine Gesamtlänge von 423 km und umfasste 247 Reservoirs sowie 591 offene Wasserbassins; ein Sechstel des Wassers ging an den Kaiser, ein Drittel an Private, der Rest an die Öffentlichkeit (Front.aqu.78). Der Kaiser befand nicht nur über die Zuteilung an Privatpersonen, sondern erhob auch die Gebühren. Die genormten Bleirohre hinter dem Verteiler dienten für die Abrechnung. Die Leitungen (*fistulae*) waren namentlich gekennzeichnet und gehörten vorwiegend Senatoren, dann auch Rittern und kaiserlichen Freigelassenen.[81] Ein unterirdisches Kanalisationssystem, das durch die Fernwasserlei-

Abb. 19: Herodianisch-römische Wasserleitung von Caesarea (Israel)

tungen gespült wurde, diente der Entsorgung des Abwassers, verschob das Problem der Verschmutzung aber zugleich in den Unterlauf des Tibers.

Wasserbau, Wasservergiftung und Bleiprobleme

Auch außerhalb von Rom entstanden in augusteischer Zeit bedeutende Leitungen, z. B. die Aquädukte von Augusta Emerita/Merida, Tarragona, Pont du Gard, die Kanäle von Alexandria sowie die Wasserversorgung Pompejis und Caesareas (Abb. 19). Neben Aquädukten und städtischen Leitungsnetzen errichteten die Römer in verschiedenen Gegenden rund um das Mittelmeer wieder die vom Vorderen Orient und Ägypten bekannten Talsperren – wie z. B. im spanischen Augusta Emerita/Merida[82] – sowie Kanalisationssysteme, mit denen ganze Gebiete künstlich bewässert werden konnten, darunter die Poebene (Strab.4,6,7; 5,1,4; Plin.nat.3,119). Andererseits wurden auch Seen und Sümpfe trockengelegt, so etwa der Velinersee im 3. Jh. v. Chr. (Cic.Att.4,15,5), der Fucinersee unter Claudius (Suet.Claud.20; Tac.ann.12,56) und Hadrian (Hist.

Aug.Hadr.22,12), das Podelta (Strab.5,1,11; Plin.nat.3,120 f.), Teile der Toskana und die Pontinischen Sümpfe in Latium (Liv. epit.46). Zahlreiche Kanalbauten (*fossa Mariana* im Rhonedelta; *fossa Drusiana* zwischen Rhein und Ijssel) und Gewässerkorrektionen dienten der Schifffahrt oder aber dem Schutz von Siedlungen vor Überschwemmungen, wie im Falle von Glanum/Saint-Rémy-de-Provence.

Für den Landwirtschaftsbetrieb empfahl es sich generell, die Felder mit Abzugsgräben auszustatten und Bewässerungskanäle anzulegen (Cat.agr.155,1; Verg.georg.1,106–110). Für die entsprechenden Zu- und Ableitungen bestanden genaue rechtliche Regelungen (Dig.8,3,1 ff.; 39,3,8 ff.; 43,20,1 ff.). Die Anrainer von Leitungen und Gewässern wurden in die Pflicht genommen, damit das Wasser als öffentliches Gut allen zugänglich blieb – gerade auch für die Schifffahrt und verpachtete Fischerei. Eingriffe, die bewirkten, dass das Wasser eines öffentlichen Flusses einen anderen Lauf nahm als im vorangegangenen Sommer, waren grundsätzlich verboten (Dig.43,13,1 ff.). Die Gewässerverschmutzung durch Abwasser wurde demgegenüber kaum unterbunden.

Nicht nur in Rom selbst spielten Abwasserkanäle für die Abfallbeseitigung eine wichtige Rolle. In Pompeji zeigen die hohen Randsteine und die «Zebrastreifen» in Form von Steinblöcken, dass hier einerseits Regen- und Abwasser abfloss, andererseits Überlaufwasser zur Reinigung der Straßen eingeleitet werden konnte. Städtische Straßen wurden mit unterirdischen Abzugskanälen versehen, um den anfallenden Kot abzuschwemmen; die Kanäle bildeten jedoch nie ein flächendeckendes Netz und in gewissen Städten waren überhaupt keine vorhanden, so dass viel Müll auf den Straßen liegenblieb (Strab.14,1,37). Mancherorts ist daher zu beobachten, dass die Abfälle auf den Straßen periodisch mit neuen Kiesschichten überschottert wurden, so in Augusta Raurica/Augst und Koblenz.[83]

Durch die Abfallentsorgung über das Wasser wurde die römische Welt an verschiedenen Orten mit dem Problem der Gewässerverschmutzung und Wasservergiftung konfrontiert. Schon in hellenistischer Zeit hatte es am Nil eine Massenvergiftung mit zahlreichen Toten gegeben (Athen.2,42 a). Fische aus verschmutzten Flüssen galten grundsätzlich als schlecht (Gal.alim.fac.3,24[25].28 f.[29 f.]). Plinius d.Ae. stellte generell vergiftete Flüsse fest (nat.18,3), und sein Neffe Plinius d.J. wollte in Pontus-Bithynia den Fluss Amastris wegen Seuchengefahr zudecken lassen (epist.10,98 f.). Zudem scheinen die zahlreichen Militärlager im römischen Reich regelmäßig das Wasser der Umgebung verseucht zu haben (Veg.mil.3,2). Maßnahmen zur Vorbeugung waren offenbar auch bei diesem Problemfeld nicht vorgesehen.

Eine Bedrohung für die Menschen stellte ferner das Blei dar, das durch die metallenen Leitungen das Trinkwasser belastete. Solche Bleirohre waren als Zuleitungen in Siedlungen überall im römischen Reich verbreitet und hatten gegenüber den Tonrohren wirtschaftliche Vorteile. Die schädlichen Auswirkungen der Bleirohre waren zwar schon frühzeitig erkannt worden (Vitr.8,6,10 f.), wurden aber nie systematisch in Angriff genommen. Das Festhalten an Bequemlichkeiten, von denen insbesondere die Oberschicht als Luxuskonsument profitierte, dominierte auch in diesem Bereich. Rom selbst wurde zudem mit hartem Wasser versorgt, das nur eine geringe Kontamination aufwies. Ferner ergeben Skelettuntersuchungen im römischen Reich im Hinblick auf Bleivergiftungen ganz unterschiedliche Ergebnisse, die z.T. deutlich über, z.T. weit unter heutigen Werten liegen.[84] Auch wenn durch das Blei lokal gesundheitliche Probleme auftraten, hatte dies auf die Gesamtbevölkerung keine spürbaren Auswirkungen.[85]

19. Erdbeben und Vulkane

Erdbeben

Mit der Eingliederung der Mittelmeergebiete ins römische Reich war Rom entsprechend vermehrt mit Erdbeben konfrontiert. Auch in Italien sind schon für die Zeit der Republik Erschütterungen bezeugt (217 v.Chr.; 91 v.Chr.), wobei Plinius sogar von gleichzeitigen Meeresüberschwemmungen berichtet (nat.2,199 f.). Für die

Kaiserzeit sind dann an verschiedenen Orten zahlreiche weitere Erdbeben detaillierter überliefert. Nachdem schon Kaiser Augustus kleinasiatischen Städten Unterstützung für den Wiederaufbau hatte zukommen lassen (Strab.12,8,18; Suet.Tib.8), gab im Jahre 17 n. Chr. das 12-Städte-Beben in Kleinasien Anlass zu staatlichen Hilfsmaßnahmen des Kaisers Tiberius. Sardes erhielt 10 Mio. Sesterzen und fünf Jahre Steuerfreiheit, die auch für die anderen Städte galt (Tac.ann.2,47). Im Jahre 62 n. Chr. erschütterte ein Beben Kampanien, das die kaiserliche Hilfe Vespasians nötig machte und in Pompeji bis heute sichtbare Schäden hinterließ (Sen.nat.6,1,13 ff.).[86] 17 Jahre später folgte dann der verheerende Vesuvausbruch.

Gerade der östliche Mittelmeerraum wurde wiederholt von Erdbeben erschüttert: Im Jahre 115 n. Chr. traf es Antiochia, wo sich Kaiser Traian noch in Sicherheit bringen konnte und einige wundersame Rettungen bezeugt sind (Dio 68,24 f.); um die Mitte des 2. Jh. n. Chr. bebte es in Lykien, Karien, Kos und Rhodos, was Kaiser Antoninus Pius zur Hilfe beim Wiederaufbau der Städte veranlasste (Paus. 8,43,4; Hist.Aug.Antonin.9); im Jahre 358 n. Chr. wurde ein Erdbeben in Nikomedia von Wirbelstürmen und Blitzen begleitet, so dass die Häuser einstürzten, Feuer ausbrach und viele Tote zu beklagen waren, da fremde Hilfe fehlte (Amm.Marc.17,7, 1–8); im Jahre 365 n. Chr. sollen schließlich ein Erdbeben und ein Tsunami das Mittelmeergebiet erfasst und v. a. in Alexandria sowie in Mothone auf der Peloponnes Schäden hinterlassen haben (Amm. Marc.26,10,15–19).

Für Seneca war das Unglück von Kampanien im Jahre 62 n. Chr. Anlass, sich mit Erdbebentheorien zu befassen (Sen.nat.6,1,3). Dabei folgte er der «pneumatischen» Theorie des Aristoteles, rechnete aber auch mit Feuer und Wasser als unterirdischen Ursachen. Sein Ziel war grundsätzlich, die Furcht vor solchen Naturkatastrophen abzubauen. In der Kaiserzeit wurde verstärkt versucht, Erdbeben vorauszusagen (Plin.nat.2,191 ff.) bzw. durch Astrologie und Magie zu verhindern. Weitere Maßnahmen sollten helfen, Schäden zu vermeiden, etwa durch spezielle Bauweisen in Fundamenten und Mauertechnik sowie durch geeignete Standortwahl (Strab.12,8,18; Plin.nat.2,197 f.). Da aber umfassende Prävention ausblieb, konn-

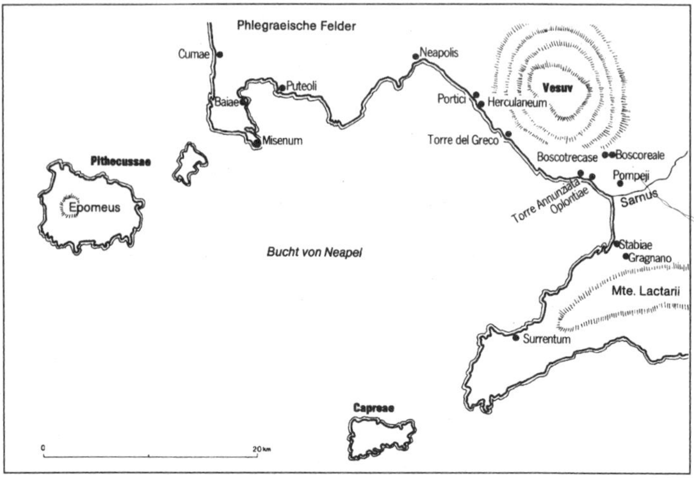

Abb. 20: Der Golf von Neapel mit den Vesuvstädten

ten sich die Kaiser wiederholt als Retter in der Not profilieren und propagandistisch ihre Fürsorge unter Beweis stellen. Auch wenn dabei z.T. spezielle Kommissionen delegiert wurden, fehlte eine feste Organisation zur Bewältigung von Katastrophen.[87]

Der Vesuvausbruch von 79 n. Chr.

Durch den Vesuvausbruch vom Jahre 79 n. Chr. wurden in der Region des Golfes von Neapel die römischen Villenorte Oplontis, Boscoreale und Stabiae sowie die zwei Städte Pompeji und Herculaneum in ihrem blühenden Alltagsleben verschüttet und dadurch mit reichen Informationen für die Nachwelt konserviert (Abb. 20). Zudem handelt es sich um den ersten Vulkanausbruch der Geschichte, für den ein ausführlicher Augenzeugenbericht vorliegt, nämlich die zwei Briefe des Plinius d. J. an den Historiker Tacitus (epist.6,16. 20), die allerdings erst ca. 30 Jahre später niedergeschrieben wurden. Zusammen mit früheren Erwähnungen des Vesuvs sowie anschließenden Deutungen der Katastrophe ergeben sie dennoch Aufschlüsse darüber, wie mit dem Vulkan und seinem Ausbruch umgegangen wurde.

Der Ausbruch des Vesuvs begann am späten Vormittag des 24. August 79 n. Chr. Zunächst wurde der Schlotpfropfen aus erkalteter Lava herausgesprengt; dann folgten die nach Plinius' Beschreibung benannten «plinianischen Ausbrüche»: heftige, langanhaltende Gasströme, die große Mengen von Magma und Lapilli (kleine Stücke alter Lava vom Pfropfen und der Schlotwand) bis 30 km hoch in die Luft schleuderten und eine Art «Pinie» bildeten; das flüssige Magma wurde durch rasche Ausdehnung in kleine Teile zerrissen und erstarrte in der Luft zu porösen Bimssteinen; ein glühender Steinhagel ging über Pompeji und Stabiae nieder, die in einer ersten Phase ca. 2,5 Meter hoch begraben wurden. Als der Druck nachließ, lief glühendes Material, das auch durch Risse im Berg austrat, in Form von Glutlawinen den Berg hinunter (pyroklastischer Strom). Gleichzeitig hatte das Auswurfmaterial in der Stratosphäre durch Kondensation zu sintflutartigen Regenfällen geführt. Diese verwandelten den Lavastrom in einen heißen Schlammstrom, der Herculaneum mit einer Höhe von 12–20 Metern erfasste. Da das Magma und die Lavaströme zugleich eine Gaswolke beförderten, fanden viele der geflüchteten Bewohner den Erstickungstod, darunter auch Plinius d. Ae. Auch ein Großteil der 15 000 bis 20 000 Bewohner Pompejis hatte sich durch Flucht dem Unglück zu entziehen versucht. Schätzungsweise 2000 Einwohner, die sich in ihren Häusern und Kellern in Sicherheit bringen wollten, fanden den Tod. Die Stadt wurde am 25. August in einer zweiten Phase unter Lapilli- und Aschenregen begraben, wobei sich eine Schicht von bis zu 6,5 Metern bildete.

Die Region um den Golf von Neapel war schon seit längerer Zeit dicht besiedelt gewesen, da der vulkanische Boden fruchtbar und die Gegend landschaftlich besonders reizvoll war. Nach Strabons Bericht (5,4,8) galt der Vesuv als erloschen, wurde also nicht gefürchtet bzw. nicht eigentlich als Vulkan wahrgenommen. Die letzte Eruption hatte sich Jahrhunderte zuvor ereignet. Probleme bereiteten vielmehr die Erdbeben, welche die Region regelmäßig heimsuchten. Das letzte große Beben lag 17 Jahre zurück (62 n. Chr.). Als dessen Ursache galten unterirdische Winde, so dass es nicht als Vorbote vulkanischer Tätigkeit aufgefasst wurde (Plin.nat.2,192). Die Restaurationsarbeiten waren dementsprechend immer noch in vollem Gange, als Pompeji und Herculaneum endgültig unter Asche und Schlamm verschwanden.

Der berühmte Verfasser der *Naturalis historia* (Naturkunde), Plinius d.Ae., war damals Flottenkommandant in Misenum am Golf von Neapel, rund 30 km westlich der Hauptschauplätze (Abb. 20). Am 24. August 79 n. Chr. hatte er gerade Besuch von seinem Neffen Plinius d. J., der die Reaktionen des Onkels in einem Brief an Tacitus festhielt (epist.6,16). Als das Naturereignis im Golf von Neapel sichtbar wurde, wollte Plinius d.Ae. zu einer Erkundungsfahrt aufbrechen, fuhr aber aufgrund des Hilferufes einer Bekannten namens Rectina Richtung Herculaneum; ein schlammiger Lavastrom verhinderte jedoch die Landung, so dass er Kurs auf Stabiae zu seinem Freund Pomponianus nehmen musste, wo er am nächsten Morgen erstickte. In einem zweiten Brief an Tacitus berichtet Plinius d. J. (epist.6,20), der in Misenum geblieben war, wie er sich anlässlich von Erdbeben am 25. August, dem zweiten Tag der Ereignisse, vorübergehend aufs Land zurückzog und dort mit der aufgebrachten Menge in Berührung kam. Plinius beobachtete die Katastrophe also nur aus der Ferne und konnte auch von seinem Onkel keine Informationen aus erster Hand mehr erhalten. Plinius d. J., der damals 18 Jahre alt war, wurde erst sehr viel später, im Jahre 106/7 n. Chr., von dem Historiker Tacitus gebeten, den Hergang der Ereignisse zu schildern, was dieser für seine «Historien» verwenden wollte. Bei der Interpretation der Briefe ist also zu beachten, dass sie mit großem zeitlichen Abstand verfasst wurden und auch als literarisches Werk, nicht nur als Tatsachenbericht, zu verstehen sind.

Die beiden Briefe geben reichhaltige Aufschlüsse über die Charakterisierung Plinius' d.Ae. durch seinen Neffen sowie über dessen Selbststilisierung. Plinius d.Ae. war demnach nicht nur wissbegierig, sondern auch hilfsbereit, furchtlos und mutig. Seine Bekannten in Stabiae tröstete und beruhigte er durch einfache Erklärungen: «Bauern hätten in der Aufregung die Herdfeuer brennen lassen, und nun ständen ihre verlassenen Hütten unbehütet in Flammen.» Während die anderen die Nacht durchwachten, legte sich Plinius d.Ae. gelassen zu Bett und versuchte am nächsten Morgen erneut, die von Furcht geplagte und zur Flucht bereite Umgebung zur Vernunft zu bringen, bis er aber von Atemnot ereilt wurde und schließlich am Strande einen würdevollen Tod erlitt. Nach zwei Tagen fand man ihn angeblich unverletzt ausgestreckt und zugedeckt, «eher einem Schlafenden als einem Toten ähnlich».

Auch Plinius d.J. blieb in Misenum unbekümmert gleichgültig und ging seiner täglichen Lektüre nach. Ein aus Spanien angereister Freund zeigte dafür wenig Verständnis. Als die beiden am nächsten Morgen aufgrund der Erdbeben die Stadt verließen, stießen sie auf vernunftlose Menschenmengen, die von Panik erfasst, also nicht mehr zu rationalem Handeln fähig waren. Der ebenfalls aufgebrachte spanische Freund wurde ziehen gelassen, während Plinius sich um seine Mutter kümmerte und stoische Ruhe und Überlebenswillen bewahrte. Während die Masse jammerte und schrie, die Götter anrief oder in Zweifel zog und Gerüchte verbreitete, blieb Plinius stumm und harrte seines Schicksals. Als der Qualm dünner wurde, kehrten sie nach Misenum zurück und warteten auf eine Nachricht über Plinius d.Ae. Über die Zustände im Krisengebiet selbst wird jedoch nichts berichtet.

Bei dem Biographen Sueton (Tit.8) erfahren wir, dass Kaiser Titus (79–81 n.Chr.) nach der Eruption – in patronaler Fürsorge – eine Hilfskommission aus hochrangigen Senatoren, ehemaligen Konsuln, sandte (*curatores restituendae Campaniae*). Diese verwendeten den Besitz der beim Vesuvausbruch Umgekommenen zum Wiederaufbau von zerstörten Städte. Die Bewohner der Vesuvgegend standen jedoch nicht allein im Zentrum des Interesses, denn die Hauptstadt hatte Priorität. Der Hauptteil der kaiserlichen Spenden und Restaurierungsmaßnahmen bedachte das von einem Brand und einer Seuche erfasste Rom. Vom römischen Schriftsteller Cassius Dio (ca. 150–235 n.Chr.) erfahren wir darüber hinaus, dass Titus vor dem Aussenden der Hilfskommission das Katastrophengebiet selbst in Augenschein genommen hatte und mit vorhandenen Geldmitteln aushalf, ohne fremde Spenden entgegenzunehmen (Dio 66,24). Auch hier präsentierte sich der Kaiser als persönlicher Retter und nobler Spender in der Tradition des antiken Euergetismus (Wohltätigkeit), ohne aber umfassende Maßnahmen einzuleiten.

Insgesamt zeigt sich, dass in Kampanien nach kostbaren Gegenständen und Materialien gesucht und Hilfsmaßnahmen zum Wiederaufbau ergriffen wurden. Überlebende und Flüchtlinge wurden vor Ort unterstützt, soweit ihre Siedlungen noch existenzfähig waren, während der Wiederaufbau von Pompeji und Herculaneum aussichtslos erschien. Einzig Stabiae erlebte als Villenort an benachbarter Stelle eine Renaissance, und Kaiser Hadrian machte sich im Jahre 120/1 n.Chr. um die Wiederherstellung des Straßennetzes in der Region verdient (Straße zwischen Neapel und Nuceria/Stabiae; CIL X 6939 f.). Im 3.Jh. n.Chr. setzte dann auf dem Territorium von Herculaneum nochmals neue Bautätigkeit ein. Die Katastrophe hatte also durchaus langfristige Spuren hinterlassen. Zudem wurde das Ereignis auf unterschiedliche Weise religiös gedeutet.

Der Dichter Martial, der im Jahre 88 n.Chr. die Region am Golf von Neapel besuchte, stimmte ein Klagelied an (epigr.4,44): «Hier der Vesuv war eben noch grün vom Schatten der Reben, und ein edles Gewächs hatte die Kufen gefüllt. Hier sind die Höhen, die Bacchus vor Nysas Hügeln geliebt hat, hier ist der Berg, drauf jüngst Satyrn noch Reigen getanzt. Hier war der Venus Sitz, ihr lieber selber als Sparta, hier die Stätte, berühmt, weil sie nach Herkules (= Herculaneum) hieß. All das liegt nun in Flammen und trauriger Asche versunken. Ach, dass sie dies vermocht, dauert die Götter nun selbst.» Auch bei dem Dichter Statius werden die Götter für das Unglück verantwortlich gemacht: Jupiter habe den aus der Erde gerissenen Berg zu den Sternen emporgehoben und ihn auf die bedauernswerten Städte herabfallen lassen (silv.5,3,205–208). Die jüdische Prophezeiungsliteratur der Oracula Sibyllina (4,130–136) machte schon bald nach der Vesuvkatastrophe Titus wegen der Zerstörung des Tempels in Jerusalem im Jahre 70 n.Chr. dafür verantwortlich. Die Katastrophe sei die göttliche Rache für seine Vergehen am jüdischen Volk. Cassius Dio überliefert für das Jahr 79 n.Chr. ungeheure Staubmengen, die Rom verdunkelten und bis nach Afrika, Syrien und Ägypten gelangten. Im Jahre 202 n.Chr. erlebte er einen neuen, kleineren Vesuvausbruch. Diesen bezeichnet er als Werk der Giganten, der riesenhaften Urgestalten, die im Mythos einst gegen die Götter gekämpft hatten und jetzt Felsen in die Höhe warfen (Dio 66,22 f.; 77,2). Der christliche Schriftsteller Tertullian von Karthago (ca. 150–230 n. Chr.) deutete den Vesuvausbruch ebenfalls als göttliches Strafgericht, das auf moralische Dekadenz zurückzuführen sei. Diese wird mit der Verehrung des falschen Gottes bzw. der heidnischen Götter und deren Versagen in Verbindung gebracht, so dass es Tertullian insgesamt um die Verteidigung des Christentums geht (apol. 40,8; pall. 2,4).

20. Bergbau

Mit der Ausdehnung des römischen Reiches und seiner enormen Bautätigkeit war der Bedarf an Rohstoffen und Baumaterialien stetig gestiegen. Der Transport wurde teilweise über große Strecken abgewickelt, gerade wenn es um wertvolle Materialien bzw. Luxusgüter ging. Marmor wurde nicht nur aus dem italischen Carrara und den alten griechischen Zentren bezogen, sondern auch aus Kleinasien und Numidien (Abb. 21), Granit und Porphyr aus Ägypten. Gleichzeitig knüpften die Römer bei der Expansion ihres Imperiums an den Bergbau der neu integrierten Provinzen an. Besonders groß war der Bedarf an Eisen, das zunächst in Etrurien und auf Elba abgebaut, dann auch außerhalb von Italien an den verschiedensten Orten gewonnen wurde. Zur Ausrüstung einer römischen Legion waren schätzungsweise 38 Tonnen Eisen nötig; zudem waren im 2. Jh. v. Chr. bereits ca. 125 Tonnen Silbergeld im Umlauf, dessen Menge sich bald mehr als verzehnfachte.[88] Das vermehrt benötigte Blei konnte in Britannien gewonnen werden (Strab. 4,5,2; Diod. 5,22,1 ff. 38,5; Tac. Agr. 12,6).

Auf der Iberischen Halbinsel gab es im Südwesten Kupfer (Huelva) und Silber (Sierra Morena), im Nordwesten Gold (Las Medulas), im Westen Zinn; Silber wurde zudem bis in die Kaiserzeit in Cartagena – dem punischen Carthago Nova – gewonnen (Strab. 3,2,10). Die Römer bauten die verstaatlichten Bergwerke überall intensiv aus und legten ausgedehnte Schächte

Abb. 21: Antiker Steinbruch von Chemtou mit Giallo Antico-Marmor (Tunesien)

(bis in 250 Meter Tiefe) mit ausgeklügelten Entwässerungsstollen an; zur Grubenentwässerung kamen auch Wasserschöpfräder und Schneckenpumpen (Archimedische Schrauben) zum Einsatz. Die neu erschlossenen Goldlagerstätten von Las Medulas bei Leon wurden über zahlreiche Aquädukte und umgeleitete Flussbetten mit künstlich herbeigeführten Wassermengen ausgeschwemmt (Plin.nat.33,67 ff.), wodurch etwa 50 ausgedehnte, terrassenförmige Tagebaugruben entstanden.

Für die Verhüttung der Erze wurde in großen Mengen Holz benötigt, so dass nach einer modernen Schätzung im römischen Reich jährlich etwa 5400 ha Wald abgeholzt wurden.[89] Zudem entstanden unzählige Tonnen von Schlacken, etwa in der Gegend von Huelva (Rio Tinto; Tharsis) und Aljustrel (Portugal). Der Bergbau hinterließ zahlreiche kahle «Mondlandschaften», gerade in der Sierra de Cartagena und der Sierra Morena. In der Antike hatte er auch die Gesundheit der Sklaven und anderen Beschäftigten gefährdet (Strab.3,2,8; Lucr.6,810–815), denn Bleivergiftungen zeichneten die «blassen Bleiarbeiter» (Vitr.8,6,11; Sil.1,231 ff.).

Die kontaminierte Luft bewirkte, dass nicht nur in Spanien vermehrt Metalle im Boden abgelagert wurden,[90] sondern auch im Grönlandeis sowie in den Seesedimenten Südschwedens für die Zeit vom 2. Jh. v. Chr.–2. Jh. n. Chr. erhöhte Bleipartikel festzustellen sind.[91]

Kritik am Bergbau wurde schon von antiken Autoren geübt, insbesondere von Ovid (met. 1,138 ff.) und Plinius d. Ae. (nat. 2,158 f.; 33,1–6). Mit medizinischem Pathos werden die Eingeweide und Adern von Mutter Erde geschildert, welche ihr aus Habgier zur Befriedigung von Luxusbedürfnissen herausgerissen werden, so dass der Boden erzittert und erbebt. Ferner sei auch eine Erschöpfung dieser unterirdischen Vorräte absehbar, weshalb nur die nachwachsenden Produkte der Erdoberfläche genutzt werden sollten. Wenn hier bereits der moderne Nachhaltigkeitsgedanke anklingt, so geschieht das jedoch noch vor einem anderen Hintergrund. Insgesamt wird zwar diagnostiziert, dass der Mensch die Natur herausfordert, aber wiederum eher moralisch an Luxusmäßigung appelliert als umweltschützerische Schonung der Natur propagiert (vgl. Plin. nat. 3,138). Zudem sollen sich die Bergleute – trotz des hohen Preises – als Sieger über die Natur betrachtet haben (33,73).

21. Probleme der Großstadt und ländlicher Villenbau

Wohnverhältnisse und Siedlungshygiene in Rom

Rom war bis zum Ende der Republik zu einer Großstadt herangewachsen und zählte damals bereits beinahe 1 Mio. Einwohner. Die Wohnviertel der Wohlhabenden befanden sich auf dem Hügel des Palatin, der dann seit Tiberius (14–37 n. Chr.) auch den Kaiserpalast beherbergte, sowie auf dem Esquilin, Caelius und Viminal; die einfache Bevölkerung lebte auf dem Aventin und in den Niederungen der Subura, wo sich auch viele Handwerker ansiedelten (Abb. 22, 23). Als Privathaus reicher Bürger diente die *domus*, die

Abb. 22: Stadtplan von Rom um 300 n. Chr.

Abb. 23: Modell des antiken Rom von I. Gismondi, Museo della Civiltà Romana (Rom). Blick von Norden über die Subura

sich durch geräumige Bauweise mit einem hohen Standard an Wohnkultur auszeichnete und im Idealfall mit Badezimmer, Wasserklosett und Heizung ausgestattet war. Daneben gab es die bescheidenere *insula* als Mietshaus mittlerer und unterer Schichten. Auf eine *domus* kamen in Rom ca. 26 *insulae*, deren Zahl auf insgesamt 47 000 geschätzt wird.[92]

Eine *insula* war zuweilen bis zu 10 Stockwerke hoch und im Prinzip auf allen vier Seiten von Straßen umgeben. Solche Wohnblocks waren Objekte von Spekulanten, die mit möglichst wenig Aufwand ein Maximum an Profit herausschlagen wollten. Als Häuserspekulant war im ersten 1. Jh. v. Chr. insbesondere M. Licinius Crassus Dives («der Reiche») bekannt, der sich in den Bürgerkriegen unter Sulla bereichert hatte, aber auch andere prominente Herren wie z. B. Cicero (Plut.Crass. 2; Cic.Att.14,9,1). Die Immobiliengeschäfte gingen auf Kosten von Wohnraum und Wohnqualität. Schlechte Bauweise und billige Baumaterialien, darunter viel Holz in den oberen Geschossen, brachten zahlreiche Gefahren mit sich. Die Häuser waren oft baufällig, brand- und einsturzgefährdet, wobei die beengten Verhältnisse kaum Fluchtwege boten. Als Mietskasernen waren sie vielfach überfüllt, ohne Wasseranschluss, Toilette und Küche. In den ungelüfteten, unbeheizten Räumen herrschte im Gegensatz zu denjenigen der Privathäuser ein ungesundes Wohnklima. Als Heizung dienten zur Not Kohlebecken, die entsprechenden Qualm verbreiteten. Wasser musste hauptsächlich von Brunnen herbeigeschafft werden, da nur einzelne Wohnungen im Erdgeschoss einen Anschluss hatten.

Mit einer Abwasserkanalisation waren ebenfalls nur reiche Privathäuser versehen, so dass die Fäkalien verbreitet in Gruben oder Tonnen gesammelt wurden. Latrinen befanden sich oft bei den Küchen und nahmen alle Arten von Abfällen auf. Urin wurde von den Walkern entgegengenommen, die ihn für Lederverarbeitung gebrauchen konnten. Nur wer es sich leisten konnte, besuchte eine öffentliche Toilette, deren Zahl sich in der Kaiserzeit bis auf 144 belief. Einen Ausgleich für die Missstände in den Quartieren boten ab dem späteren 1. Jh. n. Chr. die öffentlichen Thermen. Diese dienten sowohl der Hygiene als auch der Unterhaltung, verbrauchten aber viel Brennholz und verbreiteten entsprechenden Rauch.

Die Straßen der Hauptstadt waren prinzipiell überlastet. Handel und Durchgangsverkehr kamen sich ständig in die Quere. In den vorwiegend engen, gewundenen und ungepflasterten Straßen kreuzten sich Händler, Verkaufer, Baukarren, Sänften, spielende Kinder und Tiere. «In rücksichtsloser Hast kommt ein Bauführer und hetzt seine Maultiere und Träger; ein Kran windet bald Blöcke, bald Riesenbalken in die Höhe; düstere Leichenzüge verwickeln sich mit Lastfuhrwerken; hier flüchtet ein tollwütiger Hund, dort rennt ein kotspritzendes Schwein» (Hor.epist.2,2,70 ff.). Die Belästigung durch den Wagenverkehr war derart groß, dass bereits zur Zeit Caesars innerhalb des Stadtgebiets tagsüber ein Fahrverbot für Wagen – mit Ausnahme von «Kehrichtwagen» und Baufahrzeugen – erlassen wurde (CIL I 593 = Tabula Heracleensis Z.56 ff. 66 f.). Dies führte allerdings dazu, dass nachts lautes Klirren und Rumpeln einsetzte und der Straßenlärm trotz fehlender Beleuchtung rund um die Uhr kein Ende nahm (Hor.epist.1,17,7–9; Mart. epigr.4,64,18–24). Dementsprechend klagten auch die Dichter über den Stadtlärm, den *strepitus Romae* (Hor.carm.3,29,12; Sen. epist.56,1 ff.).

Obwohl die Anwohner weder Schutt auf die Straße kippen noch Gegenstände aus den Fenstern werfen durften (Dig.9,3; 43,10; 44,7,5,5) und dazu verpflichtet waren, die Straßen vor dem Haus in Stand zu halten (CIL I 593, Z.24 ff.), lag viel Abfall auf den Straßen (Mart.epigr.5,22). Iuvenal (3,268 ff.) warnt sogar davor, nachts aus dem Haus zu gehen, da Gefahr von herunterfliegenden Objekten und Flüssigkeiten drohte. Auch wenn die Aedilen und ein Viermännerkollegium für die Ordnung in den Straßen zuständig waren, fehlte wohl eine regelmäßige Müllabfuhr.[93] Die rechtlichen Regelungen weisen indirekt auf Missstände hin, die beseitigt werden sollten. Hygiene galt als gemeinschaftliche Aufgabe, bei der sowohl die Magistrate als auch die Privatpersonen gefordert waren. Da die entsprechenden Maßnahmen immer wieder aufs Neue ergriffen werden mussten, wird deutlich, dass sich kein dauerhaftes Reinlichkeitsbewusstsein einstellte und Abfall im Siedlungsbereich als vertrautes Phänomen hingenommen wurde. Abfallgruben befanden sich demzufolge in Häusern und Quartieren sowie am Stadtrand bzw. unmittelbar vor der Stadt, wie auch verschiedene Beispiele in den Provinzen (Vindonissa/Windisch, Karthago) zeigen.

Obwohl es keine Verbrennungsmotoren gab, war es letztlich auch um die Luft der Hauptstadt schlecht bestellt. Schmutz in den Straßen, Kloaken, Fäulnisdämpfe und Rauch führten zu ungenügender Luftqualität. Die Leichenverbrennungen auf den Begräbnisplätzen (*ustrina*) vor der Stadt verbreiteten weitere üble Gerüche. Schon Horaz (carm.3,29,12) erwähnte im 1. Jh. v. Chr. dicken Rauch (*fumus*) über der Stadt, und auch Seneca (epist.104,6) versuchte, der drückenden Luft Roms zu entrinnen. Auch wenn die Übertragung von Krankheiten in der Antike prinzipiell auf verschmutzte Luft (*míasma*) zurückgeführt wurde (Hippokr.flat.5), sind nirgends Bemühungen zur Verbesserung der Luftqualität festzustellen. Selbst ohne modernen Verkehr und Industrie war die antike Großstadt insgesamt mit erheblichen Umweltproblemen belastet. Trotz des hohen technischen Standards, der durch die Wasserzufuhr und Kanalisation erreicht wurde, blieb Rom von zahlreichen Missständen geprägt, die nie umfassend behoben werden konnten.

Ländlicher Villenbau in Italien

Um dem Lärm und der verqualmten Luft Roms zu entgehen und in der Umgebung Erholung zu finden, war es in der Oberschicht beliebt und verbreitet, die Stadt zumindest vorübergehend zu verlassen (Cic.ad Q. fr.3,1,1; Sen.epist.104,1. 6). Parallel zur Verstädterung entwickelte sich die Sehnsucht nach dem Land, mit der man den Plagen der Großstadt zu entfliehen suchte. Horaz (epist.1,14, 14 ff.) lobt die Vorteile des selbst gewählten Landlebens und kritisiert die Sehnsucht nach der Stadt. Iuvenal beklagt im frühen 2. Jh. n. Chr. die Unannehmlichkeiten der Großstadt, prangert aber auch den Prunk der Reichen an, die sich selbst auf dem Land mit allen Vorzügen einrichten können (Iuv.3,190–238).

Die führenden Familien besaßen seit der späten Republik Villen auf dem Land, die sie nach den Tagesgeschäften in der Hauptstadt oder für Ferienaufenthalte aufsuchen konnten. Eine luxuriöse Villa in anmutiger Landschaft vor der Stadt (*villa suburbana*) wurde zum unübertreffbaren Luxusgut für die reiche Oberschicht. Es entstanden repräsentative Anwesen, die sowohl zur individuellen Erholung (*otium*) als auch zur Pflege von Sozialkontakten dienten (Cic.de orat.1,24 ff.; Plin.epist.9,36). Angelegt wurden sie in den Albanerbergen (Tusculum, Lavinium), an der Küste sowie an Flüssen und Seen Latiums, Kampaniens, z. T. auch in Oberitalien. In Orten wie Tibur, Praeneste und Velitrae wurden zudem vormalige rustikale Anwesen in prächtige Villen umgewandelt. Strabon (5,4,8) stellte bereits in augusteischer Zeit fest, dass der Golf von Neapel aufgrund der eng aneinandergereihten Villen wie eine einzige Stadt aussehe.

Schon P. Cornelius Scipio Africanus maior, der Sieger über die Karthager in der Schlacht von Zama 202 v. Chr., hatte sich am Ende seiner Karriere (184 v. Chr.) auf sein Landgut beim kampanischen Liternum zurückgezogen, das allerdings noch schlicht gehalten und gut befestigt war (Liv.38,52; Sen.epist.86,4). Auch Cato soll eine einfache, unkultivierte Villa in Tusculum bewohnt haben (Gell.13,24). P. Cornelius Scipio Aemilianus (Africanus minor), der Eroberer von Karthago im Dritten Punischen Krieg, und D. Iunius

Brutus legten dann für ihre Landhäuser bereits größere Gärten an, wobei Scipio offenbar in Lavernium bei Formiae residierte (Cic.Lael.2,7; 7,25; rep.1,14; fat. frg.5). Sulla genoss nach seinem Rückzug ins Privatleben (79 v.Chr.) das Jagen und Fischen auf seinem Anwesen in Cumae (App.civ.1,104,488). Cicero und sein Vater ließen ihre *villa rustica* in Arpinum zu einem Landhaus umbauen (Cic.leg.2,3). In Anlehnung an die griechischen Philosophen wurden zur Muße und Repräsentation ganze Gymnasien nachgeahmt (Cic.de orat.1,98) und mit griechischen Skulpturen ausgestattet (Cic.Att.1,8,2. 9,2). Eine weitere Villa Ciceros bei Cumae am Avernersee wurde nach Platons Philosophenschule als «Akademie» betitelt (Plin.nat.31,6), in einem anderen Anwesen in Tusculum ein Teil des Gartens «Akademie» genannt (Cic.Tusc.3,7; div.1,5,8). Schließlich besaß auch Caesar wie schon Marius und Pompeius eine Villa in der Gegend des Badeortes Baiae bei Neapel (Sen.epist.51,11).

In der frühen Kaiserzeit überliefert Plinius d.J. (61/2–ca. 114 n.Chr.) zwei weitere konkrete Beispiele ausgedehnter Landgüter. In seinen Briefen (epist.2,17; 5,6) beschreibt er sein ländliches Anwesen in Laurentum («Laurentinum»), 17 Meilen vor der Hauptstadt an der Küste Latiums südlich von Ostia, das er nach der Mühsal eines Arbeitstages angeblich erleichtert aufsuchte, sowie seine Villa in der Toskana, am Fuße des Apennin («Tusci»). Ausgestattet waren beide u.a. mit *xystus* (Säulengang/Terrasse) und *gestatio* (Allee/Promenade), die Tusci auch mit Hippodrom («Reitbahn»/Gartenanlage). In Tivoli trug Hadrian als Kaiser seine politische Stellung und kulturelle Bildung in einem vielfältigen, naturverbundenen Architekturensemble mit Akademie, Palästra, Bibliothek, Thermen etc. zur Schau, die mit Statuen, Wasserfällen, Springbrunnen, Nymphäen und Grotten ausgestattet waren; außerdem ließ er Gebäude bzw. landschaftliche Elemente wie das Prytaneum und die Stoa Poikile (eine Säulenhalle) in Athen, das Tempetal in Thessalien und den Canopus in Ägypten (Kanal, der die Städte Canopus und Alexandria verband) auf dem Gelände seiner Villa nachbauen (Hist.Aug.Hadr.26).

Die Villen-Gärten galten als verbesserte Natur und setzten ein Zeichen gegen die Unkontrollierbarkeit der Natur. Der urbane Lebensstil sollte auch auf dem Lande beibehalten werden, um den gleichen Komfort wie in Rom genießen zu können. Die Landschaft diente als ästhetische Kulisse. Die Häuser waren mit parkartigen Gärten – ausgestattet mit Springbrunnen, Wasserbecken, Grotten, Pavillons und Skulpturen – versehen, die vom bäuerlichen Betrieb abgetrennt waren. Beliebt waren auch Fischteiche, Vogelvolièren (*aviaria*) und Tiergehege (*leporaria, vivaria*), die an den herrschaftlichen Paradeisos aus dem hellenistischen Osten anknüpften. Das römische Jagdgehege soll Q. Fulvius Lippinus im 1. Jh. v. Chr. erfunden haben (Plin.nat.8,211); der Redner Q. Hortensius besaß allerdings zu dieser Zeit in Laurentum bereits einen umfriedeten und bewaldeten Wildpark (Varr.rust.3,13,2 f.).

Schon Horaz (carm.2,15) hatte die Verdrängung von Landwirtschaftsgebiet durch die Villen und Fischteiche der Reichen angeprangert. Sallust (Catil.13) und Varro (rust.3,3,10) monierten die Eingriffe in Berge und Meer. Auch die Verbauung von Fluss- und Seeufern wurde kritisiert (Sen.epist.89,21; Sen.contr.5,5). Dabei handelte es sich jedoch um das übliche Klagelied über die *luxuria* der Oberschicht. Im Grunde wurde Kritik in den eigenen Reihen geübt, ohne sich selbst anders zu verhalten. Der Villenbesitzer Cicero rügte etwa die Fischteichbesitzer (*piscinarii*), dass sie sich nur um die Fische – anstatt um das Gemeinwesen – kümmerten (Cic.Att.1,18,6. 19,6). Weitergehende Gedanken über die Umwelt wurden nicht verfolgt, zu einem eigentlichen Konzept für Landschaftsschutz ist es nie gekommen. Statius feierte den Villenbau nach wie vor als Sieg über die Gegebenheiten der Natur (silv.2,2,4 ff. 32 f.; 3,1,96 ff.).

Mit der neuen Regierungsform des Prinzipats schwanden die politischen Beteiligungsmöglichkeiten zunehmend und mussten auf andere Weise kompensiert werden. Indem Angehörige der Oberschicht ihre Muße (*otium*) aufs Land auslagerten, konnten sie sich als Vertreter der alten Sitten stilisieren, die auf dem Land noch gewahrt erschienen. Weder der Kaiser noch die Senatoren konnten daher ein Interesse daran haben, den Bauboom zu stoppen. Die Annehmlichkeiten des Villenlebens wurden dementsprechend bis in die Spätantike hochgehalten.

Schluss

Die Umweltgeschichte der Antike hat ein breites Analysefeld von Lebensverhältnissen in griechischer und römischer Zeit einzubeziehen und kann somit Relevanz für die Charakterisierung einer ganzen Epoche beanspruchen. Sie zeigt sowohl landschaftliche Kontinuitäten als auch Veränderungen im Mittelmeerraum und den nördlich anschließenden Regionen vom frühen 1. Jahrtausend v. Chr. bis in die Spätantike des 4./5. Jh. n. Chr. Dabei führt sie von den bescheidenen Anfängen der Poliswelt in Griechenland, die sich über weite Teile des Mittelmeergebietes und bis ans Schwarze Meer ausbreitete, bis zum großflächig expandierenden römischen Reich. Dieses übernahm nicht nur die Herrschaft über die ans Mittelmeer grenzenden Länder, sondern bezog auch Gebiete nördlich der Alpen ein und erschloss große Teile des europäischen Territoriums als Siedlungs- und Wirtschaftsraum. Durch die intensivierte Besiedlung wurden wichtige Grundlagen für die Gestalt des mittelalterlichen und somit auch des modernen Europa geschaffen. Nachwirkungen hatte auch die von den Griechen und Römern entwickelte Auffassung von der Natur und deren Umgang mit der natürlichen Umgebung.

Grenzen sind der antiken Umweltgeschichte v. a. von Seiten der Quellen gesetzt, da die literarischen Berichte umfangmäßig beschränkt sind bzw. einseitige Sichtweisen wiedergeben und nur z. T. mit naturwissenschaftlichen Ergebnissen wesentlich ergänzt oder korrigiert werden können. Ausführliche Beschreibungen über die Umwelt und Umweltprobleme fehlen. Umwelt im modernen Sinne wurde nur auf einer allgemeinen Ebene charakterisiert, bei der in erster Linie klimatische Einflüsse wie Wind und Wasser berücksichtigt wurden. Trotz des religiösen Respektes vor der Natur wurde diese auch immer als zu beherrschendes und technisch zu besiegendes Gegenüber aufgefasst. Bedrohungen durch Elemente der Natur wie Feuer/Brände, Wasser/Hochwasser/Überschwemmungen, Erdbeben und vulkanische Phänomene, aber auch Trockenheit und Winde sollten unter Kontrolle gebracht werden. Menschliche Zerstörung von Natur, Erschöpfung von Ressourcen und schädliche Auswirkungen von Verschmutzungen wurden zwar registriert und kritisiert, aber vorwiegend in eine Luxuskritik eingebunden, die eine ausführliche Aufarbeitung der Themen vermissen lässt.

Land- und Ressourcennutzung hatten bereits bei den Griechen zu lokalen Umweltschäden geführt. Die Eingriffe der Römer bewegten sich in ähnlichen Bahnen, nahmen quantitativ teilweise noch zu und erstreckten sich über einen größeren geographischen Raum. Für alle Regionen zentral waren von Anfang an die Landwirtschaft und der sich ausbreitende Städtebau. Die Natur wurde systematisch genutzt, ohne dass dies aber agrartechnische Revolutionen mit sich gebracht hätte. An den Böden wurde Raubbau betrieben, Wälder wurden gerodet, Fluss- und Seeufer verbaut, Gewässer technisch verändert und verschmutzt, Tiere ausgebeutet und Ernten im Krieg zerstört. In der Folge waren mancherorts Umweltschäden bzw. Bodenerosion und Dezimierung von Pflanzen und Tieren zu verzeichnen. Bei den Gärten ist erkenntlich, dass sie sowohl auf dem Lande als auch in der Stadt der Grundversorgung dienten, aber auch unter dem Aspekt von Ästhetik und Wohnluxus angelegt wurden. Das Städtewesen führte zum Problem der Siedlungshygiene und erforderte Maßnahmen gegen Abfall, Luftverschmutzung, Lärm, Brände und Verkehr. Die Landparzellierung und Raumerfassung durch Straßen ermöglichten den Römern den Aufbau eines großflächigen Wirtschaftsnetzes mit Güteraustausch über weite Strecken. Es kam zu lokalen Spezialisierungen und Ansiedlung landfremder Pflanzen und Tiere. Die römischen Nahrungsprodukte breiteten sich über große Teile Europas aus, ließen aber nach wie vor regionale Unterschiede zu.

Die Landschaft Europas hatte sich in vielen Gebieten sichtbar verändert und der Bevölkerung sowohl neue Perspektiven eröffnet als auch Grenzen der Nutzung aufgezeigt. Da die Bevölkerungszahlen noch bescheiden waren und das Ausmaß der verursachten

Schäden aufs Ganze gesehen relativ klein oder korrigierbar blieb, kam keine umfassende Kritik am Umgang mit der Umwelt auf. Dennoch wurden durchaus schon von staatlicher Seite Maßnahmen zur Eindämmung von Schäden, aber auch zur Schonung und Erhaltung von Ressourcen eingeleitet. Dadurch konnten Feldfrüchte, Bäume und Wälder – wenn z.T. auch in veränderter Form – vielfach nachwachsen, Gewässer und Wasser langfristig für die Allgemeinheit zur Verfügung gestellt werden. Sowohl der Einzelne als auch die Gemeinschaft hatten für die Natur und ihre Güter zumindest teilweise Verantwortung zu übernehmen. Insgesamt wurde dabei eine pragmatische Linie verfolgt, welche die Natur und ihre Ressourcen zwar dienlich machte, aber auch für den gemeinschaftlichen Nutzen erhalten sollte. Dennoch waren gerade durch den umfangreichen Abbau von Rohstoffen und Bergbau anhaltende Umweltschäden zu verzeichnen, welche in manchen Fällen noch heute sichtbar bzw. nachweisbar sind.

Nachwort zur Umweltforschung

Die Umweltforschung ist insgesamt ein relativ junges Wissenschaftsgebiet, das erst durch die Umweltkrise der 1960er Jahre deutlichen Aufschwung nahm. Umweltgeschichte ist dabei bis heute eher ein «Randgebiet» der Geschichtsforschung geblieben. In den USA ist es weitaus besser verankert als in Europa, insbesondere durch die Arbeiten von Donald Worster («Nature's Economy. A History of Ecological Ideas» 1977), William Cronon («Changes in the Land. Indians, Colonists and the Ecology of New England» 1983) und Alfred W. Crosby («Ecological Imperialism. The Biological Expansion of Europe 900–1900» 1986) sowie durch die Zeitschrift «Environmental History». Die deutschsprachige Diskussion war lange eher technikhistorisch dominiert, ist heute aber breit gefächert und in der «European Society for Environmental History» (gegr. 1999) vernetzt. Einen umfassenden, systemtheoretischen Ansatz verfolgt Rolf Peter Sieferle («Rückblick auf die Natur» 1997). Auf dem Gebiet der historischen Klimaforschung hat sich Christian Pfister hervorgetan («Wetternachhersage» 1999). Einen einführenden Überblick bieten zuletzt Verena Winiwarter und Martin Knoll («Umweltgeschichte» 2007).

Umwelt lässt sich gemäß V. Winiwarter (1994, 155) in verschiedene Teilsysteme gliedern, deren «orts- und zeitspezifische Kombination» Aufschlüsse über die Umweltverhältnisse geben:

«1. Stoffliche Umwelt: Materielle Bedingungen des Lebensraumes, wie z. B. Verfügbarkeit und Qualität von Wasser; Klima, Bodenart und -zustand, Infrastruktur, Verfügbarkeit von Naturprodukten wie Holz, Baumaterial, Bodenschätzen etc.

2. Strukturelle Umwelt: Möglichkeiten und Bedingungen der Nutzung der stofflichen Umwelt: Besitzverhältnisse, Verfügbarkeit

von Technik zur Ausbeutung der Naturschätze, rechtliche, politische und ökonomische Rahmenbedingungen.
3. Geistige Umwelt: Möglichkeiten und Bedingungen des menschlichen Zugangs zu Phänomenen, wie z. B. Naturbegriff, Religion, technisches und philosophisches Wissen.»

R. P. Sieferle (1997, 13 f.) gibt Folgendes zu bedenken: «‹Umweltgeschichte› befaßt sich daher prinzipiell mit einem schwierigen, verschlungenen Vorgang: Sie rekonstruiert eine komplexe Wechselwirkung zwischen menschlichen Kulturen und deren natürlicher Umwelt, wobei sie beide Perspektiven integrieren muss. Sie darf nicht nur (wie es der ältere Umweltdeterminismus getan hat) fragen, ob und wie weit Naturbedingungen Auswirkungen auf Gesellschaftsprozesse haben. ... Es soll deutlich werden, welche Rahmenbedingungen von Naturvoraussetzungen gegeben wurden, welche Spielräume für die kulturell-gesellschaftliche Selbstorganisation bestanden und wie die Grenzen beschaffen waren, die die Natur der Gesellschaft gesetzt hat.» Integrale Umweltgeschichte strebt eine umfassende Rekonstruktion des Mensch-Umwelt-Verhältnisses an. Aufschlussreich erscheint in dieser Hinsicht auch ein «umwelthygienischer Ansatz», der die Wirkungen der Kultur auf die «harmonische» Natur untersucht und dabei in die Nähe der Sozialgeschichte gelangt.

Ökologische Anthropologie untersucht «das Verhältnis eines bestimmten Kulturtypus zu seiner natürlichen Umwelt» (Sieferle 1988, 318); für «die ‹Anpassung› einer Kultur an ihre natürliche Umwelt» unterscheidet Sieferle drei Komplexe, die alle «aufeinander abgestimmt» sein müssen, so dass sie «in Hinblick auf die physische Umwelt bestimmte Leistungen erbringen können» (319):

1. Technik/Ökonomie (Technik als Formen des materiellen Zugriffs auf die Natur)
2. Organisation (soziale Organisation, Produktionsverhältnisse)
3. Ideologie/Wissen (kulturelle Muster, Präferenzen, kognitive Modelle, Motivationen).

Grundsätzlich können gemäß Sieferle drei Faktoren umwelthistorischer Untersuchung ausgemacht werden: «Natur» im Sinne natürlicher Ökosysteme, «Menschliche Population» im physischen Sinne, «Kultur» als Organisationsmuster. Daraus ergeben sich vier Aufgabenfelder: Die Rekonstruktion einzelner Kultur-Natur-Systeme in der Vergangenheit, die Stabilität und Dauer des jeweiligen Kultur-Natur-Systems, die Periodisierung der Umweltgeschichte mit Erklärung der Übergänge sowie die Umweltverschmutzungsgeschichte. Insgesamt geht es um Wirkungsketten menschlichen Handelns in der Langzeitperspektive, die interdisziplinär zu erforschen sind.

Weniger vergangenheits- als zukunftsorientiert ist die Diskussion um die Nachhaltigkeit. Nachhaltigkeit ist eigentlich ein Kunstwort aus dem Bereich der Forstwirtschaft. Es ist zum ersten Mal 1713 belegt und ging in der Zeit um 1800 in den allgemeinen Sprachgebrauch ein. Als Übersetzung von «sustainability» wurde Nachhaltigkeit erstmals in der deutschen Ausgabe des UNO-Berichts der Brundtland-Kommission von 1987 eingesetzt. Die Definition in diesem Bericht der Weltkommission für Umwelt und Entwicklung über «Unsere gemeinsame Zukunft» lautet: «Nachhaltig ist eine Entwicklung, die die Bedürfnisse der Gegenwart befriedigt, ohne zu riskieren, dass künftige Generationen ihre eigenen Bedürfnisse nicht befriedigen können.» Ein Vorteil der nachhaltigen Entwicklung im Vergleich zu hergebrachten Umweltschutzkonzepten liegt darin, die aktuellen gesellschaftlichen Bedürfnisse angemessen einzubeziehen. Es geht um «Abwägungen zwischen ... ökologischen, ökonomischen und sozialen Gütern, ... zwischen individuellen und kollektiven Gütern oder zwischen gegenwärtig und künftig verfügbaren Gütern» (P. Burger, uni nova 97/2004, 7). Dabei besteht freilich die Gefahr der Verwässerung bzw. Vernachlässigung negativer Auswirkungen auf die Natur. Die Geschichte kann in diesem Zusammenhang zwar nur einen bescheidenen, aber durchaus zukunftsweisenden Beitrag zum kritischen Umgang mit der Natur und somit auch zur Umweltforschung beisteuern.

Anmerkungen

1 Winiwarter 1994, 131. 154.
2 Jäger 1994, 2 f.
3 Fuchsloch 1996, 4.
4 E. Haeckel, Generelle Morphologie der Organismen, 1866, Bd. 2, 286; Bd. 1, 8.
5 Fuchsloch 1996, 4.
6 Interfakultäre Koordinationsstelle für Allgemeine Ökologie, Bern 1998.
7 Pfister 2002, 15.
8 Gesetz über den zivilen Schutz der Bevölkerung und der Kulturgüter, Basel-Landschaft 1997.
9 Oliver-Smith 1999, 28.
10 Plate – Merz 2001, 32.
11 Winiwarter – Knoll 2007, 14 f.
12 Winiwarter 1994, 154.
13 Winiwarter 1994, 155.
14 Winiwarter 1994, 154.
15 Sieferle 1988, 311 ff.
16 Simmons 1993, 1 ff.; Sieferle 1993/1995/1997.
17 Pfister 1995.
18 Marquardt 1886; Blümner 1911; Friedlaender 1921–1923.
19 Zimmermann 2004, 131.
20 Maise 1998.
21 Nenninger 2001, 98.
22 Brückner 1983/1986/1990.
23 van Andel u. a. 1986/1990.
24 Büdel 1981, 259 ff.
25 Grove – Rackham 2001, 291 ff.
26 Schäfer – Simon 1981, 29.
27 Déplacements des lignes de rivage en Méditerranée d'après les données de l'archéologie, 1987, 137 ff.
28 Eumorphopulos 1963.
29 Brückner 1997.

30 Panessa I/1991, 499–541.
31 Pekáry 1979, 4.
32 Thommen 2003, 45 ff.
33 Garnsey 1988, 101.
34 Garnsey 1988, 99.
35 Hopper 1982, 105.
36 Goette 1993, 167 ff.
37 Lohmann 1985, 81.
38 Wells 1992, 157 (Foxhall).
39 Hanson 1998, 55 ff.
40 Jahns 1992.
41 Meiggs 1982, 191.
42 Nenninger 2001, 112.
43 Meiggs 1982, 433 ff.
44 Nenninger 2001, 202.
45 Richter 1968, 32 ff.
46 Hughes 1994, 105 f.
47 Garnsey 1999.
48 Garnsey 1999, 45 ff.
49 Garnsey 1999, 36 ff.
50 Garland 1998, 95 ff.
51 Thommen 2003, 130 f.
52 Klaffenbach 1954.
53 Tölle-Kastenbein 1990, 115 ff.; Krasilnikoff 2002.
54 Schneider 1992, 76.
55 Kolb 2000, 123 ff.
56 Giebel 2000, 197 ff.
57 Leppeley 2001, 35 ff. 50 ff.
58 Nenninger 2001, 41 f.
59 Molthagen 1973.
60 Dohr 1965, 151 f.
61 Pekáry 1979, 88.
62 Gummerus 1906, 15 ff.; Schönberger 1980, 402 f.
63 Flach 1990, 215 ff.
64 SPM V: Die Schweiz vom Paläolithikum bis zum Mittelalter, Bd. 5, 2002, 34.
65 Drexhage u. a. 2002, 75.
66 Kuhnen – Riemer 1994, 79 ff.
67 Nenninger 2001, 30 f.
68 Judson 1968.
69 Brückner 1986; vgl. Anm. 22.

70 Küster 1994.
71 Nenninger 2001, 102 f. 204.
72 Kuhnen 1992, 36 ff. 71 ff. (Becker).
73 Jashemski 1979, 172 ff. 233 ff.; Jashemski 1998.
74 Peters 1998.
75 Gentili III/1999.
76 Garnsey – Saller 1987, 89 f.; Junkelmann 1997, 87.
77 von Ungern-Sternberg 1991.
78 Robinson 1992, 112 f.
79 Garbrecht 1984, 8.
80 Bruun 1991, 103.
81 Bruun 1991, 77 ff.
82 Schnitter 1978/1994.
83 Thüry 2001, 23 ff.
84 Drasch 1982.
85 Weeber 1990, 171 ff.
86 Albore Livadie 1986, 67 ff. (Adam).
87 Sonnabend 1999, 220 ff.
88 Schneider 1992, 72 f.
89 Healey 1978, 152.
90 Martínez-Cortizas u. a. 1994.
91 Hong u. a. 1994/1996; Renberg u. a. 1994.
92 Brödner 1989, 183.
93 Thüry 2001, 9.

Zeittafel

GRIECHENLAND

8. Jh. v. Chr.–500 v. Chr.	**Archaische Zeit**
um 700 v. Chr.	Homer (Ilias/Odyssee)
500 v. Chr.–336 v. Chr.	**Klassische Zeit**
336 v. Chr.–30 v. Chr.	**Hellenistische Zeit**
336 v. Chr.–323 v. Chr.	Alexander III. (d. Gr.) von Makedonien
ab 323 v. Chr.	Nachfolger Alexanders (Diadochen), Hellenistische Königtümer:
	Antigoniden (Makedonien) bis 168 v. Chr.
	Seleukiden (Mesopotamien/Syrien) bis 64 v. Chr.
	Ptolemäer (Ägypten) bis 30 v. Chr.
ab 146 v. Chr.	Römische Epoche Griechenlands

ROM

8. Jh. v. Chr.–500 v. Chr.	**Königszeit**
500 v. Chr.–30 v. Chr.	**Republik**
500 v. Chr.–287 v. Chr.	Frühe Republik/Zeit der Ständekämpfe
287 v. Chr.–133 v. Chr.	Mittlere/Klassische Republik
133 v. Chr.–30 v. Chr.	Späte Republik/Zeit der Krise
30 v. Chr.–300 n. Chr.	**Kaiserzeit**
27 v. Chr.–14 n. Chr.	Augustus erster römischer Kaiser
284 n. Chr.–305 n. Chr.	Diokletian/Tetrarchie
300 n. Chr.–6. Jh. n. Chr.	**Spätantike**
306 n. Chr.–337 n. Chr.	Konstantin I. (d. Gr.)
395 n. Chr.	Aufteilung in Ost- und Weströmisches Reich
476 n. Chr.	Ende des Weströmischen Reiches

Quellenverzeichnis

Quellensammlungen

Corpus Inscriptionum Latinarum (CIL)
H. Diels, Die Fragmente der Vorsokratiker, griechisch und deutsch, hrsg. v. W. Kranz, 6. Aufl., Berlin 1951/2 (ND 1974)(D/K)
Inscriptiones Graecae (IG)
J. Mansfeld, Die Vorsokratiker, Griechisch/Deutsch, 2 Bde., Stuttgart 1983/86 (M)
Orientis Graeci Inscriptiones Selectae (OGIS)
Supplementum Epigraphicum Graecum (SEG)

Antike Autoren

Aelian
  De natura animalium (nat.anim.)
Aischylos
  Prometheus (Prom.)
Ammianus Marcellinus
  Res gestae (Amm.Marc.)
Appian
  Bella civilia (civ.)
Aristoteles
  Athenaion politeia (Ath.pol.)
  De partibus animalium (part.an.)
  Meteorologika (meteor.)
  Politika (pol.)
Athenaios
  Deipnosophistai (Athen.)
Aurelius Victor
  Epitome de Caesaribus (epit.Caes.)
Caesar
  De bello Gallico (Gall.)
Cato
  De agricultura (agr.)
Catull
  Carmina (Catull.)
Cicero
  Ad familiares (ad fam.)
  Cato maior de senectute (Cato)
  De divinatione (div.)
  De fato (fat.)
  De legibus (leg.)
  De natura deorum (nat.deor.)
  De oratore (de orat.)
  De re publica (rep.)
  Epistulae ad Atticum (Att.)
  Epistulae ad Quintum fratrem (ad Q. fr.)
  Laelius de amicitia (Lael.)
  Tusculanae disputationes (Tusc.)
Columella
  De re rustica (Colum.)
Demosthenes
  Orationes (Dem.)

Digesta
(Dig.)
Dio Cassius
Romaike historia (Dio)
Diodor
Bibliotheke (Diod.)
Diogenes Laertios
De clarorum philosophorum vitis (Diog.Laert.)
Dionysios v. Halikarnass
Antiquitates Romanae (Dion.Hal.)
Frontinus
De aquis (aqu.)
Galen
De alimentorum facultatibus (alim.fac.)
Gellius
Noctes Atticae (Gell.)
Herodot
Historiae (Hdt.)
Hesiod
Erga (erg.)
Theogonia (theog.)
Hippokrates
De aëre, aquis, locis (aër.)
De flatibus (flat.)
De morbo sacro (morb.sacr.)
De natura hominis (nat.hom.)
De victu (vict.)
Historiae Augustae Scriptores
Antoninus Pius (Antonin.)
Avidius Cassius (Avid.)
Gordiani tres (Gord.)
Hadrianus (Hadr.)
Homer
Ilias (Il.)
Odyssee (Od.)
Horaz
Carmina (carm.)
Epistulae (epist.)
Saturae sive sermones (sat.)
Iuvenal
Saturae (Iuv.)
Kallimachos
Hymni (hymn.)
Livius
Ab urbe condita (Liv.)
Epitome (epit.)
Lukan
De bello civili (Lucan.)
Lukrez
De rerum natura (Lucr.)
Lysias
Orationes (Lys.)
Macrobius
Saturnalia (Sat.)
Martial
Epigrammaton liber (epigr.)
Ovid
Amores (am.)
Epistulae (epist.)
Metamorphoses (met.)
Pausanias
Perihegesis (Paus.)
Pindar
Olympiae (Ol.)
Pythiae (Pyth.)
Platon
Gorgias (Gorg.)
Kritias (Krit.)
Phaidon (Phaid.)
Politeia (pol.)
Timaios (Tim.)
Plinius d. Ae.
Naturalis historia (nat.)
Plinius d. J.
Epistulae (epist.)
Panegyricus (paneg.)
Plutarch
Antonius (Ant.)

Caesar (Caes.)
Cato maior (Cato mai.)
C. Gracchus (C. Gracch.)
Crassus (Crass.)
Demetrios (Demetr.)
Kleomenes (Kleom.)
Lykurg (Lyk.)
Moralia (mor.)
Solon (Sol.)
Themistokles (Them.)
Tib. Gracchus (Tib.Gracch.)

Pollux
Onomastikon (Poll.)

Polybios
Historiae (Polyb.)

Porphyrios
De abstinentia (abst.)

Sallust
De bello Iugurthino (Iug.)
De coniuratione Catilinae (Catil.)
Historiae (hist.)

Seneca d. Ae.
Controversiae (contr.)

Seneca d. J.
De tranquillitate animi (tranq.)
Epistulae ad Lucilium (epist.)
Naturales quaestiones (nat.)

Silius Italicus
Punica (Sil.)

Sophokles
Oidipus Tyrannos (Oid.T.)

Statius
Silvae (silv.)

Strabon
Geographika (Strab.)

Sueton
Divus Augustus (Aug.)
Divus Claudius (Claud.)
Divus Iulius (Iul.)
Divus Titus (Tit.)
Domitianus (Dom.)
Nero (Nero)

Tacitus
Agricola (Agr.)
Annales (ann.)
Germania (Germ.)
Historiae (hist.)

Tertullian
Apologeticum (apol.)
De pallio (pall.)

Themistios
Orationes (or.)

Theophrast
De causis plantarum (caus.plant.)
Historia plantarum (hist.plant.)

Thukydides
Historiae (Thuk.)

Varro
Res rustica (rust.)

Vegetius Renatus
Epitoma rei militaris (mil.)

Velleius Paterculus
Historia Romana (Vell.)

Vergil
Aeneis (Aen.)
Georgica (georg.)

Vitruv
De architectura (Vitr.)

Xenophon
De vectigalibus (vect.)
Hellenika (hell.)
Oikonomikos (oik.)

Bibliographie

Einleitung

Begriffe

N. Fuchsloch, Einführung in «Methodenfragen der Umweltgeschichte», in: Umweltgeschichte. Methoden, Themen, Potentiale, hrsg. v. G. Bayerl u. a., Münster/New York 1996, 1–12.

H. Jäger, Einführung in die Umweltgeschichte, Darmstadt 1994.

A. Oliver-Smith – S. M. Hoffman (Hrsg.), The Angry Earth. Disaster in Anthropological Perspective, New York/London 1999.

Ch. Pfister (Hrsg.), Am Tag danach. Zur Bewältigung von Naturkatastrophen in der Schweiz 1500–2000, Bern 2002.

E. J. Plate – B. Merz, Naturkatastrophen. Ursachen – Auswirkungen – Vorsorge, Stuttgart 2001.

R. P. Sieferle, Nachhaltigkeit aus umwelthistorischer Perspektive, in: Nachhaltigkeitsforschung – Perspektiven der Sozial- und Geisteswissenschaften, hrsg. v. R. Kaufmann u. a., Bern 2007, 79–97.

V. Winiwarter, Umwelt-en. Begrifflichkeit und Problembewusstsein, in: Umweltbewältigung. Die historische Perspektive, hrsg. v. G. Jaritz u. V. Winiwarter, Bielefeld 1994, 130–159.

Moderne Umweltgeschichte

G. Bayerl u. a. (Hrsg.), Umweltgeschichte. Methoden, Themen, Potentiale, Münster/New York 1996.

J. Calließ u. a. (Hrsg.), Mensch und Umwelt in der Geschichte, Pfaffenweiler 1989.

R. Delort – F. Walter, Histoire de l'environnement européen, Paris 2001.

M. Fischer-Kowalski – H. Haberl, Stoffwechsel und Kolonisierung: Ein universalhistorischer Bogen, in: Gesellschaftlicher Stoffwechsel und Ko-

lonisierung von Natur. Ein Versuch sozialer Ökologie, hrsg. v. M. Fischer-Kowalski u. a., Amsterdam 1997, 25–35.
J. D. Hughes, What is Environmental History?, Cambridge/Malden 2006.
H. Jäger, Einführung in die Umweltgeschichte, Darmstadt 1994.
C. Merchant (Hrsg.), Major Problems in American Environmental History, Lexington, Mass./Toronto 1993, 1–31: What is Environmental History?
Ch. Pfister (Hrsg.), Das 1950er Syndrom. Der Weg in die Konsumgesellschaft, Bern u. a. 1995.
Ch. Pfister (Hrsg.), Wetternachhersage. 500 Jahre Klimavariationen und Naturkatastrophen (1496–1995), Bern u. a. 1999.
Ch. Pfister (Hrsg.), Am Tag danach. Zur Bewältigung von Naturkatastrophen in der Schweiz 1500–2000, Bern 2002.
R. P. Sieferle, Perspektiven einer historischen Umweltforschung, in: Fortschritte der Naturzerstörung, hrsg. v. R. P. Sieferle, Frankfurt a. M. 1988, 307–376.
R. P. Sieferle, Die Grenzen der Umweltgeschichte, GAIA 2/1, 1993, 8–21.
R. P. Sieferle, Naturlandschaft, Kulturlandschaft, Industrielandschaft, in: Region und Regionalität in der Sozialgeschichte des 20. Jahrhunderts, hrsg. v. W. Bramke u. U. Hess, Leipzig 1995, 40–56.
R. P. Sieferle, Rückblick auf die Natur. Eine Geschichte des Menschen und seiner Umwelt, München 1997.
W. Siemann (Hrsg.), Umweltgeschichte. Themen und Perspektiven, München 2003.
I. G. Simmons, Environmental History. A Concise Introduction, Oxford/Cambridge, Mass. 1993.
I. G. Simmons, Humanity and Environment. A Cultural Ecology, Harlow, Essex 1997.
V. Winiwarter, Was ist Umweltgeschichte. Ein Überblick, Wien 1998.
V. Winiwarter – M. Knoll, Umweltgeschichte. Eine Einführung, Köln 2007.
D. Worster (Hrsg.), The Ends of the Earth. Perspectives on Modern Environmental History, Cambridge 1988 (ND 1994).
G. Zirnstein, Ökologie und Umwelt in der Geschichte, 2. Aufl., Marburg 1996.

Antike Umweltgeschichte

P. Fedeli, La natura violata. Ecologia e mondo romano, Palermo 1990.
J. D. Hughes, Pan's Travail. Environmental Problems of the Ancient Greeks and Romans, Baltimore/London 1994.
R. Meiggs, Trees and Timber in the Ancient Mediterranean World, Oxford 1982.

R. Osborne, Classical Landscape with Figures. The Ancient Greek City and its Countryside, London 1987.
G. Panessa, Fonti greche e latine per la storia dell'ambiente e del clima nel mondo greco, 2 Bde., Pisa 1991.
R. Sallares, The Ecology of the Ancient Greek World, London 1991.
R. Sallares, Ecology, in: The Cambridge Economic History of the Greco-Roman World, hrsg. v. W. Scheidel u. a., Cambridge 2007, 15–37.
H. Sonnabend (Hrsg.), Mensch und Landschaft in der Antike. Lexikon der historischen Geographie, Stuttgart/Weimar 1999.
H. Sonnabend, Naturkatastrophen in der Antike. Wahrnehmung – Deutung – Management, Stuttgart/Weimar 1999.
L. Thommen, Raubbau und Umweltprobleme im Altertum, in: Fernsehen in die Antike. Die Welt von gestern mit den Augen von heute, hrsg. v. R. Surbeck, Basel 1992, 30–32.
G. E. Thüry, Die Wurzeln unserer Umweltkrise und die griechisch-römische Antike, Salzburg 1995.
G. Vögler, Öko-Griechen und grüne Römer?, Zürich/Düsseldorf 1997.
K.-W. Weeber, Smog über Attika. Umweltverhalten im Altertum, Zürich/München 1990.
M. Zimmermann, Die antiken Menschen in ihrer natürlichen Umwelt, in: Oldenbourg Geschichte Lehrbuch. Antike, hrsg. v. E. Wirbelauer, München 2004, 121–142.

Sittengeschichte, Landeskunde, Mittelmeerraum

H. Blümner, Die römischen Privataltertümer, 3. Aufl., München 1911.
L. Friedlaender, Darstellungen aus der Sittengeschichte Roms in der Zeit von Augustus bis zum Ausgang der Antonine, 4 Bde., 10. Aufl., Leipzig 1921–1923.
A. T. Grove – O. Rackham, The Nature of Mediterranean Europe. An Ecological History, New Haven/London 2001.
W. V. Harris (Hrsg.), Rethinking the Mediterranean, Oxford/New York 2005.
J. D. Hughes, The Mediterranean. An Environmental History, Santa Barbara, CA 2005.
Hj. Küster, Geschichte der Landschaft in Mitteleuropa. Von der Eiszeit bis zur Gegenwart, München 1995.
J. Marquardt, Das Privatleben der Römer, 2 Bde., 2. Aufl., Leipzig 1886 (ND Darmstadt 1964).
H. Nissen, Italische Landeskunde, 2 Bde., Berlin 1883/1902 (ND New York 1979).

A. Philippson – E. Kirsten, Die griechischen Landschaften, 4 Bde., Frankfurt a. M. 1950–1959.
E. Ch. Semple, The Geography of the Mediterranean Region. Its Relation to Ancient History, New York 1931 (ND 1971).

Griechenland

1. Der geographische Raum

H.-J. Gehrke, Die Raumwahrnehmung im archaischen Griechenland, in: Wahrnehmung und Erfassung geographischer Räume in der Antike, hrsg. v. M. Rathmann, Mainz a. Rh. 2007, 17–30.
A. T. Grove – O. Rackham, The Nature of Mediterranean Europe. An Ecological History, New Haven/London 2001.
V. Höhfeld, Landschaftsmuster und Siedlungsanlagen im Yavu-Bergland. Versuch einer systematischen Zuordnung, in: Lykische Studien 1. Die Siedlungskammer von Kyaneai, hrsg. v. F. Kolb, Bonn 1993, 151–158.
F. Kolb (Hrsg.), Chora und Polis, München 2004.
R. Osborne, Classical Landscape with Figures. The Ancient Greek City and its Countryside, Oxford 1987.
M. Zimmermann, Die antiken Menschen in ihrer natürlichen Umwelt, in: Oldenbourg Geschichte Lehrbuch. Antike, hrsg. v. E. Wirbelauer, München 2004, 121–142.

Klima, Küstenlinien und Flussmündungen

T. H. van Andel u. a., Five Thousand Years of Land Use and Abuse in the Southern Argolid, Greece, Hesperia 55, 1986, 103–128.
T. H. van Andel u. a., Land Use and Soil Erosion in Prehistoric and Historical Greece, Journal of Field Archaeology 17, 1990, 379–396.
T. H. van Andel – E. Zangger, Landscape stability and destabilisation in the prehistory of Greece, in: Man's Role in the Shaping of the Eastern Mediterranean Landscape, hrsg. v. S. Bottema u. a., Rotterdam 1990, 139–157.
G. W. Barker – C. O. Hunt, Quartenary valley floor erosion and alluviation in the Biferno Valley, Molise, Italy: The role of tectonics, climate, sea level change, and human activity, in: Mediterranean Quartenary River Environments, hrsg. v. J. Lewin u. a., Rotterdam 1995, 145–157.

F. Briand – A. Maldonado (Hrsg.), Transformations and evolution of the Mediterranean coastline, Bulletin de l'Institut océanographique, no. spécial 18, Monaco 1997.

W. C. Brice (Hrsg.), The Environmental History of the Near and Middle East Since the Last Ice Age, London/New York 1978.

A. G. Brown, Alluvial Geoarchaeology. Floodplain Archaeology and Environmental Change, Cambridge 1997.

H. Brückner, Holozäne Bodenbildungen in den Alluvionen süditalienischer Flüsse, Zeitschrift für Geomorphologie N. F. Suppl. 48, 1983, 99–116.

H. Brückner, Man's Impact on the Evolution of the Physical Environment in the Mediterranean Region in Historical Times, GeoJournal 13, 1986, Nr. 1, 7–17.

H. Brückner, Changes in the Mediterranean ecosystem during antiquity. A geomorphological approach as seen in two examples, in: Man's Role in the Shaping of the Eastern Mediterranean Landscape, hrsg. v. S. Bottema u. a., Rotterdam 1990, 123–137.

H. Brückner, Coastal changes in western Turkey; rapid delta progradation in historical times, in: Transformations and evolution of the Mediterranean coastline, Bulletin de l'Institut océanographique, no. spécial 18, Monaco 1997, 63–74.

J. Büdel, Klima-Geomorphologie, 2. Aufl., Berlin 1981.

D. A. Davidson, Erosion in Greece during the first and second millennia BC, in: Timescales in Geomorphology, hrsg. v. R. A. Cullingford u. a., Chichester u. a. 1980, 143–158.

Déplacements des lignes de rivage en Méditerranée d'après les données de l'archéologie, Aix-en-Provence, 5–7 septembre 1985, Paris 1987.

L. Eumorphopulos, Veränderungen des Golfes von Thessaloniki, Geographica Helvetica 18, 1963, 269–277.

E. Fouache – K. Pavlopoulos (Hrsg.), Sea Level Changes in Eastern Mediterranean during Holocene. Indicators and Human Impacts, Zeitschrift für Geomorphologie Suppl. 137, Berlin/Stuttgart 2005.

A. T. Grove – O. Rackham, The Nature of Mediterranean Europe. An Ecological History, New Haven/London 2001.

P. J. Hearty – G. Dai Pra, The Age and Stratigraphy of Quartenary Coastal Deposits along the Gulf of Taranto (South Italy), Journal of Coastal Research 8, 1992, 882–905.

D. Kelletat, Deltaforschung. Verbreitung, Morphologie, Entstehung und Ökologie von Deltas, Darmstadt 1984.

Ch. Maise, Archäoklimatologie – Vom Einfluss nacheiszeitlicher Klimavariabilität in der Ur- und Frühgeschichte, Jahrbuch der Schweizerischen Gesellschaft für Ur- und Frühgeschichte 81, 1998, 197–235.

Th. May, Morphodynamik und Bodenbildungen im westlichen Mittelmeerraum seit dem mittleren Holozän – Anthropogen oder klimatisch gesteuert?, Geographische Zeitschrift 79, 1991, 212–228.

M. Nenninger, Die Römer und der Wald. Untersuchungen zum Umgang mit einem Naturraum am Beispiel der römischen Nordwestprovinzen, Stuttgart 2001.

O. Rackham, Observations on the Historical Ecology of Boeotia, The Annual of the British School at Athens 78, 1983, 291–351.

J. Schäfer – W. Simon (Hrsg.), Standverschiebungen in ihrer Bedeutung für Geowissenschaften und Archäologie, Ruperto Carola Sonderheft, Heidelberg 1981.

2. Mensch und Natur

E. Bernert, Naturgefühl, Paulys Realencyclopädie der classischen Altertumswissenschaft 16, 1935, 1811–1849.

H. R. Fairclough, Love of Nature among the Greeks and Romans, London u. a. 1930.

P. Fedeli, Il rapporto dell'uomo con la natura e l'ambiente – l'antichità vi ha visto un problema?, Der Altsprachliche Unterricht 32, H. 3, 1989, 32–42.

I. Fetscher, Lebenssinn und Ehrfurcht vor der Natur in der Antike, in: Antikes Denken – Moderne Schule. Beiträge zu den antiken Grundlagen unseres Denkens, hrsg. v. H. W. Schmidt u. P. Wülfing, Gymnasium Beih. 9, Heidelberg 1988, 32–50.

C. J. Glacken, Traces on the Rhodian Shore. Nature and Culture in Western Thought from Ancient Times to the End of the Eighteenth Century, Berkeley/Los Angeles 1967 (ND 1990).

E. Knobloch, Das Naturverständnis der Antike, in: Naturverständnis und Naturbeherrschung, hrsg. v. F. Rapp, München 1981, 10–35.

O. Longo, Ecologia antica. Il rapporto uomo/ambiente in Grecia, Aufidus 6, 1988, 3–30.

Ch. Mauduit (Hrsg.), Paysages et milieux naturels dans la littérature antique, Lyon 1998.

G. Panessa, Fonti greche e latine per la storia dell'ambiente e del clima nel mondo greco, 2 Bde., Pisa 1991.

K. Sallmann, Der Mensch und ‹seine› Natur, Gymnasium 108, 2001, 485–514.

S. Sambursky, Das physikalische Weltbild der Antike, Zürich/Stuttgart 1965.

H. Schneider, Natur und technisches Handeln im antiken Griechenland, in: Naturauffassungen in Philosophie, Wissenschaft, Technik, Bd. 1: Antike und Mittelalter, hrsg. v. L. Schäfer u. E. Ströker, Freiburg/München 1993, 107–160.

G. Siebert (Hrsg.), Nature et paysage dans la pensée et l'environnement des civilisations antiques, Paris 1996.

H. Sonnabend, Antike Einschätzungen menschlicher Eingriffe in die natürliche Bergwelt, in: Gebirgsland als Lebensraum, Stuttgarter Kolloquium zur historischen Geographie des Altertums 5, 1993, hrsg. v. E. Olshausen u. H. Sonnabend, Amsterdam 1996, 151–160.

R. Uglione (Hrsg.), L'uomo antico e la natura, Turin 1998.

G. Vögler, Öko–Griechen und grüne Römer?, Zürich/Düsseldorf 1997.

G. Vögler, Dachte man in der Antike ökologisch? Mensch und Umwelt im Spiegel antiker Literatur, Forum Classicum 4, 2000, 241–253.

L. Westra – Th. M. Robinson (Hrsg.), The Greeks and the Environment, Lanham u. a. 1997.

3. Landwirtschaft

M. Austin – P. Vidal-Naquet, Gesellschaft und Wirtschaft im alten Griechenland, München 1984 (frz.: Economies et sociétés en Grèce ancienne, Paris 1972).

J.-P. Brun, Le vin et l'huile dans la Méditerranée antique. Viticulture, oléiculture et procédés de fabrication, Paris 2003.

L. Foxhall, Farming and fighting in ancient Greece, in: War and Society in the Greek World, hrsg. v. J. Rich u. G. Shipley, London/New York 1995, 134–145.

L. Foxhall, Olive Cultivation in Ancient Greece. Seeking the Ancient Economy, Oxford 2007.

W. Furley, Natur und Gewalt – die Gewalt der Natur. Zur Rolle der Natur und der Landschaft bei Thukydides, Ktema 15, 1990, 173–182.

Th. W. Gallant, Agricultural Systems, Land Tenure and the Reforms of Solon, Annual of the British School at Athens 77, 1982, 111–124.

Th. W. Gallant, Risk and Survival in Ancient Greece. Reconstructing the Rural Domestic Economy, Cambridge 1991.

P. Garnsey, Famine and Food Supply in the Graeco-Roman World. Responses to Risk and Crisis, Cambridge 1988.

H. R. Goette, Athen – Attika – Megaris, Köln u. a. 1993.

D. Hägermann – H. Schneider, Propyläen Technikgeschichte, Bd. 1: Landbau und Handwerk 750 v. Chr.–1000 n. Chr., Frankfurt a. M. 1991 (ND Berlin 1997), 82–96.

V. D. Hanson, Warfare and Agriculture in Classical Greece, 2. Aufl., Berkeley u. a. 1998.

W. Hondelmann, Die Kulturpflanzen der griechisch-römischen Welt. Pflanzliche Ressourcen der Antike, Berlin/Stuttgart 2002.

R. J. Hopper, Handel und Industrie im klassischen Griechenland, München 1982 (engl.: Trade and Industry in Classical Greece, London 1979).

S. Isager – J. E. Skydsgaard, Ancient Greek Agriculture. An introduction, London/New York 1992.

M. H. Jameson, Agriculture and Slavery in Classical Athens, The Classical Journal 73, 1977/78, 122–145.

J. A. Krasilnikoff, Water and Farming in Classical Greece. Evidence, Method and Perspectives, in: Ancient History Matters, Festschrift J. E. Skydsgaard, hrsg. v. K. Ascani u. a., Rom 2002, 47–62.

H. Lohmann, Landleben im klassischen Attika. Ergebnisse und Probleme einer archäologischen Landesaufnahme des Demos Atene, Jahrbuch der Ruhr-Universität Bochum 1985, 71–96.

H. Lohmann, Atene. Forschungen zu Siedlungs- und Wirtschaftsstruktur des klassischen Attika, 2 Bde., Köln u. a. 1993.

O. Murray, The ecology and agrarian history of ancient Greece, Opus 11, 1992, 11–23.

R. Osborne, Classical Landscape with Figures. The Ancient Greek City and its Countryside, London 1987.

Th. Pekáry, Die Wirtschaft der griechisch-römischen Antike, Wiesbaden 1979.

W. Richter, Die Landwirtschaft im homerischen Zeitalter, Archaeologia Homerica II, Kap. H, Göttingen 1968.

R. Sallares, The Ecology of the Ancient Greek World, London 1991.

L. Thommen, Sparta. Verfassungs- und Sozialgeschichte einer griechischen Polis, Stuttgart/Weimar 2003.

J. A. Thorne, Warfare and Agriculture: The Economic Impact of Devastation in Classical Greece, Greek, Roman, and Byzantine Studies 42, 2001, 225–253.

B. Wells (Hrsg.), Agriculture in Ancient Greece, Stockholm 1992.

4. Bewaldung und Holzbau

J.-Cl. Béal (Hrsg.), L'arbre et la forêt, le bois dans l'Antiquité, Paris 1995.

J. D. Hughes, How the Ancients Viewed Deforestation, Journal of Field Archaeology 10, 1983, 437–443.

S. Jahns, Untersuchungen über die holozäne Vegetationsgeschichte von Süddalmatien und Südgriechenland, Diss. Göttingen 1992.

S. Jahns, On the Holocene vegetation history of the Argive Plain (Peloponnese, southern Greece), Vegetation History and Archaeobotany 1993, H. 2, 187–203.

B. Kramer, Arborikultur und Holzwirtschaft im griechischen, römischen und byzantinischen Ägypten, Archiv für Papyrusforschung 41, 1995, 217–231.

R. Meiggs, Trees and Timber in the Ancient Mediterranean World, Oxford 1982.

M. Nenninger, Die Römer und der Wald. Untersuchungen zum Umgang mit einem Naturraum am Beispiel der römischen Nordwestprovinzen, Stuttgart 2001.

O. Rackham, Ancient Landscapes, in: The Greek City. From Homer to Alexander, hrsg. v. O. Murray u. S. Price, Oxford 1990, 85–111.

J. V. Thirgood, Man and the Mediterranean forest. A history of resource depletion, London u. a. 1981.

B. Wagner-Hasel, Entwaldung in der Antike? Der Mythos vom Goldenen Zeitalter, Journal für Geschichte 4, 1988, 13–23.

5. Gärten

P. Bonnechere – O. De Bruyn, L'art et l'âme des jardins. De l'Egypte pharaonique à l'époque contemporaine. Une histoire culturelle de la nature dessinée par l'homme, Anvers 1998.

M. Carroll-Spillecke, Kepos. Der antike griechische Garten, München 1989.

M. Carroll-Spillecke, Griechische Gärten, in: Der Garten von der Antike bis zum Mittelalter, hrsg. v. M. Carroll-Spillecke, 3. Aufl., Mainz a. Rh. 1998, 153–175.

M. L. Gothein, Geschichte der Gartenkunst, Bd. 1: Von Ägypten bis zur Renaissance in Italien, Spanien und Portugal, Jena 1914.

W. Hoepfner – E.-L. Schwandner, Haus und Stadt im klassischen Griechenland, 2. Aufl., München 1994.

R. Osborne, Classical Greek Gardens: Between Farm and Paradise, in: Garden History. Issues, Approaches, Methods, hrsg. v. J. D. Hunt, Dumbarton Oaks Colloquium on the History of Landscape Architecture 13, Washington, D. C. 1992, 373–391.

W. Sonne, Hellenistische Herrschaftsgärten, in: Basileia. Die Paläste der hellenistischen Könige, hrsg. v. W. Hoepfner u. G. Brands, Mainz a. Rh. 1996, 136–143.

6. Tiere

N. Benecke, Der Mensch und seine Haustiere. Die Geschichte einer jahrtausendealten Beziehung, Stuttgart 1994.

J. Bouffartigue, Problématiques de l'animal dans l'Antiquité grecque, Lalies 23, 2003, 131–168.

U. Dierauer, Tier und Mensch im Denken der Antike. Studien zur Tierpsychologie, Anthropologie und Ethik, Amsterdam 1977.

P. Dinzelbacher (Hrsg.), Mensch und Tier in der Geschichte Europas, Stuttgart 2000.

R. French, Ancient Natural History. Histories of nature, London/New York 1994 (ND 2004).

U. Gehrig (Hrsg.), Tierbilder aus vier Jahrtausenden. Antiken der Sammlung Mildenberg, Mainz a. Rh. 1983.

M. Giebel, Tiere in der Antike. Von Fabelwesen, Opfertieren und treuen Begleitern, Darmstadt 2003.

I. S. Gilhus, Animals, Gods and Humans. Changing Attitudes to Animals in Greek, Roman and Early Christian Ideas, London/New York 2006.

J. D. Hughes, Pan's Travail. Environmental Problems of the Ancient Greeks and Romans, Baltimore/London 1994.

L. Kalof (Hrsg.), A Cultural History of Animals, Bd. 1: A Cultural History of Animals in Antiquity, Oxford/New York 2007.

G. Lorenz, Tiere im Leben der alten Kulturen. Schriftlose Kulturen, Alter Orient, Ägypten, Griechenland und Rom, Wien u. a. 2000.

H. Mielsch, Griechische Tiergeschichten in der antiken Kunst, Mainz a. Rh. 2005.

J. Prieur, Les animaux sacrés dans l'antiquité. Art et religion du monde méditerranéen, Ouest-France 1988.

W. Richter, Die Landwirtschaft im homerischen Zeitalter, Archaeologia Homerica II, Kap. H, Göttingen 1968.

R. Sorabji, Animal Minds and Human Morals. The Origins of the Western Debate, London 1993 (Ithaca, N. Y. 1995).

A. Wieczorek – M. Tellenbach (Hrsg.), Pferdestärken. Das Pferd bewegt die Menschheit, Mainz a. Rh. 2007.

7. Ernährung

A. Dalby, Essen und Trinken im alten Griechenland. Von Homer bis zur byzantinischen Zeit, Stuttgart 1998 (engl.: Siren Feasts. A history of food and gastronomy in Greece, London/New York 1996).

J. N. Davidson, Kurtisanen und Meeresfrüchte. Die verzehrenden Leidenschaften im klassischen Athen, Berlin 1999 (engl.: Courtesans and Fishcakes. The Consuming Passions of Classical Athens, London 1997).

J.-L. Flandrin – M. Montanari (Hrsg.), Histoire de l'alimentation, Paris 1996.

T. W. Gallant, A Fisherman's Tale, Miscellanea Graeca 7, Gent 1985.

R. Garland, Daily life of the Ancient Greeks, Westport, CT/London 1998.

P. Garnsey, Famine and Food Supply in the Graeco-Roman World. Responses to Risk and Crisis, Cambridge 1988.

P. Garnsey, The bean: substance and symbol, in: Cities, peasants and food in classical antiquity, hrsg. v. W. Scheidel, Cambridge 1998, 214–225.

P. Garnsey, Food and Society in Classical Antiquity, Cambridge 1999.

R. J. Hopper, Handel und Industrie im klassischen Griechenland, München 1982 (engl.: Trade and Industry in Classical Greece, London 1979).

H. Hüster-Plogmann (Hrsg.), Fisch und Fischer aus zwei Jahrtausenden. Eine fischereiwirtschaftliche Zeitreise durch die Nordwestschweiz, Augst 2006.

A. Moreno, Feeding the Democracy. The Athenian Grain Supply in the Fifth and Fourth Centuries B. C., Oxford 2007.

O. Murray (Hrsg.), Sympotica. A Symposium on the Symposion, Oxford 1990.

M. Pazdera, Getreide für Griechenland. Untersuchungen zu den Ursachen der Versorgungskrisen im Zeitalter Alexanders des Großen und der Diadochen, Berlin 2006.

N. Purcell, Eating Fish. The Paradoxes of Seafood, in: Food in Antiquity, hrsg. v. J. Wilkins u. a., Exeter 1989, 132–149.

G. Race, La cucina del mondo classico, Neapel 1999.

L. Thommen, Sparta. Verfassungs- und Sozialgeschichte einer griechischen Polis, Stuttgart/Weimar 2003.

J. Wilkins – D. Harvey – M. Dobson (Hrsg.), Food in Antiquity, Exeter 1989 (ND 1999).

8. Feuer und Wasser

G. Böhme – H. Böhme, Feuer, Wasser, Erde, Luft. Eine Kulturgeschichte der Elemente, München 1996.

J. Bonnin, L'eau dans l'antiquité. L'hydraulique avant notre ère, Paris 1984.

D. P. Crouch, Water Management in Ancient Greek Cities, New York 1993.

Frontinus-Gesellschaft e. V. (Hrsg.), Die Wasserversorgung antiker Städte. Geschichte der Wasserversorgung, Bd. 2: Pergamon, 2. Aufl., Mainz a. Rh. 1991.

Frontinus-Gesellschaft e. V. (Hrsg.), Die Wasserversorgung antiker Städte. Geschichte der Wasserversorgung, Bd. 3: Mensch und Wasser, 2. Aufl., Mainz a. Rh. 1994.

R. Ginouvès u. a. (Hrsg.), L'eau, la santé et la maladie dans le monde grec, Bulletin de Correspondance Hellénique Suppl. 28, Paris 1994.

G. Klaffenbach, Die Astynomeninschrift von Pergamon, Abhandlungen der Deutschen Akademie der Wissenschaften zu Berlin, Klasse für Sprachen, Literatur und Kunst 1953, Nr. 6, Berlin (Ost) 1954.

J. A. Krasilnikoff, Water and Farming in Classical Greece. Evidence, Method and Perspectives, in: Ancient History Matters, Festschrift J. E. Skydsgaard, hrsg. v. K. Ascani u. a., Rom 2002, 47–62.

E. Parisinou, The Light of the Gods. The Role of Light in Archaic and Classical Greek Cult, London 2000.

R. Tölle-Kastenbein, Antike Wasserkultur, München 1990.

R. Tölle-Kastenbein, Das archaische Wasserleitungsnetz für Athen, Mainz a. Rh. 1994.

Ch. Ulf, Vom Anfang des Kosmos bis zum Menschen. Antike Konzeptionen von Wasserräumen und Wasserformen, in: Wasser und Raum. Beiträge zu einer Kulturtheorie des Wassers, hrsg. v. D. G. Eibl u. a., Göttingen 2008, 143–181.

Ö. Wikander (Hrsg.), Handbook of Ancient Water Technology, Leiden 2000.

9. Erdbeben und Vulkane

S. Bianchetti, Der Ausbruch des Ätna und die Erklärungsversuche der Antike, in: Naturkatastrophen in der antiken Welt, Stuttgarter Kolloquium zur Historischen Geographie des Altertums 6, 1996, hrsg. v. E. Olshausen u. H. Sonnabend, Stuttgart 1998, 124–133.

W. Capelle, Erdbebenforschung, Paulys Realencyclopädie der classischen Altertumswissenschaft, Suppl. 4, 1924, 344–374.

O. Gilbert, Die meteorologischen Theorien des griechischen Altertums, Leipzig 1907.

B. Helly – A. Pollino (Hrsg.), Tremblements de terre, histoire et archéologie, IVèmes rencontres internationales d'archéologie et d'histoire d'Antibes, Valbonne 1984.

E. Oeser, Historical Earthquake Theories from Aristotle to Kant, in: Historical Earthquakes in Central Europe, Bd. 1, hrsg. v. R. Gutdeutsch u. a., Wien 1992, 11–31.

A. Rittmann, Vulkane und ihre Tätigkeit, 3. Aufl., Stuttgart 1981.

H.-U. Schmincke, Vulkanismus, 2. Aufl., Darmstadt 2000.

G. Waldherr, Erdbeben. Das außergewöhnliche Normale. Zur Rezeption seismischer Aktivitäten in literarischen Quellen vom 4. Jahrhundert v. Chr. bis zum 4. Jahrhundert n. Chr., Stuttgart 1997.

G. Waldherr, Altertumswissenschaften und moderne Katastrophenforschung, in: Naturkatastrophen in der antiken Welt, Stuttgarter Kolloquium zur Historischen Geographie des Altertums 6, 1996, hrsg. v. E. Olshausen u. H. Sonnabend, Stuttgart 1998, 51–64.

10. Bergbau

C. E. Conophagos, Le Laurium antique et la technique grecque de la production de l'argent, Athen 1980.

D. Hägermann – H. Schneider, Propyläen Technikgeschichte, Bd. 1: Landbau und Handwerk 750 v. Chr.–1000 n. Chr., Frankfurt a. M. 1991 (ND Berlin 1997), 97–116.

J. F. Healy, Mining and Metallurgy in the Greek and Roman World, London 1978.

J. E. Jones, Ancient Athenian silver mines, dressing floors and smelting sites, Journal of the Historical Metallurgy Society 18, 1984, Nr. 2, 65–81.

Hj. Kalcyk, Untersuchungen zum attischen Silberbergbau. Gebietsstruktur, Geschichte und Technik, Frankfurt a. M./Bern 1982.

Hj. Kalcyk, Der Silberbergbau von Laureion in Attika, Antike Welt 14, 1983, Nr. 3, 12–29.

S. W. Meier, Blei in der Antike. Bergbau, Verhüttung, Fernhandel, Diss. Zürich 1995.

R. D. Penhallurick, Tin in antiquity: its mining and trade throughout the ancient world with particular reference to Cornwall, London 1986.

J. Ramin, La technique minière et métallurgique des Anciens, Bruxelles 1977.

P. Rosumek, Technischer Fortschritt und Rationalisierung im antiken Bergbau, Bonn 1982.

H. Schneider, Einführung in die antike Technikgeschichte, Darmstadt 1992, 71–95.

R. Shepherd, Ancient Mining, London/New York 1993.

L. Suhling, Aufschließen, Gewinnen und Fördern. Geschichte des Bergbaus, Reinbek bei Hamburg 1983, 38–49.

R. F. Tylecote, A History of Metallurgy, 2. Aufl., London 1992.

G. A. Wagner – G. Weisgerber (Hrsg.), Silber, Blei und Gold auf Sifnos. Prähistorische und antike Metallproduktion, Der Anschnitt Beih. 3, Bochum 1985.

G. Weisgerber – G. Heinrich, Laurion – und kein Ende? Kritische Bemerkungen zum Forschungsstand über eines der bedeutendsten antiken Bergreviere, Der Anschnitt 35, 1983, Nr. 6, 190–200.

ROM

11. Der geographische Raum

S. E. Alcock, Roman imperialism in the Greek landscape, Journal of Roman Archaeology 2, 1989, 5–34.

G. Chouquer – F. Favory, Les paysages de l'Antiquité. Terres et cadastres de l'Orient romain (IVe s. avant J.-C./IIIe s. après J.-C.), Paris 1991.

Hj. Küster, Geschichte der Landschaft in Mitteleuropa, München 1995.

K. Strobel, Vom marginalen Grenzraum zum Kernraum Europas. Das römische Heer als Motor der Neustrukturierung historischer Landschaften und Wirtschaftsräume, in: Impact of Empire, Bd. 6: The Impact of the Roman Army (200 BC–AD 476), hrsg. v. L. de Blois u. E. Lo Cascio, Leiden/Boston 2007, 207–237.

Das römische Straßennetz

H. Bender, Verkehrs- und Transportwesen in der römischen Kaiserzeit, in: Untersuchungen zu Handel und Verkehr der vor- und frühgeschichtlichen Zeit in Mittel- und Nordeuropa 5: Der Verkehr. Verkehrswege, Verkehrsmittel, Organisation, hrsg. v. H. Jahnkuhn u. a., Göttingen 1989, 108–154.

L. Casson, Reisen in der Alten Welt, München 1976 (engl.: Travel in the Ancient World, London 1974).

R. Chevallier, Roman Roads, London 1976.

R. Frei-Stolba (Hrsg.), Siedlung und Verkehr im römischen Reich. Römerstrassen zwischen Herrschaftssicherung und Landschaftsprägung, Bern 2004.

M. Giebel, Reisen in der Antike, 2. Aufl., Düsseldorf/Zürich 2000.

W. Heinz, Straßen und Brücken im römischen Reich, Antike Welt 19, 1988, Sondernr. 2.

W. Heinz, Reisewege der Antike. Unterwegs im Römischen Reich, Darmstadt 2003.

H. E. Herzig, Probleme des römischen Straßenwesens. Untersuchungen zu Geschichte und Recht, Aufstieg und Niedergang der Römischen Welt II 1, hrsg. v. H. Temporini, Berlin/New York 1974, 593–648.

A. Kolb, Transport und Nachrichtentransfer im Römischen Reich, Berlin 2000.

A. Kolb, Raumwahrnehmung und Raumerschließung durch römische Straßen, in: Wahrnehmung und Erfassung geographischer Räume in der Antike, hrsg. v. M. Rathmann, Mainz a. Rh. 2007, 169–180.

R. Laurence, The Roads of Roman Italy. Mobility and Cultural Change, London/New York 1999.

Th. Pekáry, Untersuchungen zu den römischen Reichsstraßen, Bonn 1968.

H.-Ch. Schneider, Altstraßenforschung, Darmstadt 1982.

12. Mensch und Natur

M. Beagon, Roman Nature. The Thought of Pliny the Elder, Oxford 1992.

E. Bernert, Naturgefühl, Paulys Realencyclopädie der classischen Altertumswissenschaft 16, 1935, 1849–1863.

H. R. Fairclough, Love of Nature among the Greeks and Romans, London u. a. 1930.

P. Fedeli, Il rapporto dell'uomo con la natura e l'ambiente – l'antichità vi ha visto un problema?, Der Altsprachliche Unterricht 32, H. 3, 1989, 32–42.

I. Fetscher, Lebenssinn und Ehrfurcht vor der Natur in der Antike, in: Antikes Denken – Moderne Schule. Beiträge zu den antiken Grundlagen unseres Denkens, hrsg. v. H. W. Schmidt u. P. Wülfing, Gymnasium Beih. 9, Heidelberg 1988, 32–50.

C. J. Glacken, Traces on the Rhodian Shore. Nature and Culture in Western Thought from Ancient Times to the End of the Eighteenth Century, Berkeley/Los Angeles 1967 (ND 1990).

J. Römer, Naturästhetik in der frühen römischen Kaiserzeit, Frankfurt a. M./Bern 1981.

K. Sallmann, Der Mensch und ‹seine› Natur, Gymnasium 108, 2001, 485–514.

G. Siebert (Hrsg.), Nature et paysage dans la pensée et l'environnement des civilisations antiques, Paris 1996.

H. Sonnabend, Antike Einschätzungen menschlicher Eingriffe in die natürliche Bergwelt, in: Gebirgsland als Lebensraum, Stuttgarter Kolloquium zur historischen Geographie des Altertums 5, 1993, hrsg. v. E. Olshausen u. H. Sonnabend, Amsterdam 1996, 151–160.

R. Uglione (Hrsg.), L'uomo antico e la natura, Turin 1998.

G. Vögler, Öko-Griechen und grüne Römer?, Zürich/Düsseldorf 1997.

G. Vögler, Dachte man in der Antike ökologisch? Mensch und Umwelt im Spiegel antiker Literatur, Forum Classicum 4, 2000, 241–253.

13. Landwirtschaft

A. E. Astin, Cato the Censor, Oxford 1978.

G. Barker – J. Lloyd (Hrsg.), Roman Landscapes. Archaeological Survey in the Mediterranean Region, London 1991.

H. Bender – H. Wolff (Hrsg.), Ländliche Besiedlung und Landschaft in den Rhein-Donau-Provinzen des Römischen Reiches, 2 Bde., Espelkamp 1994.

J.-P. Brun, Le vin et l'huile dans la Méditerranée antique. Viticulture, oléiculture et prodédés de fabrication, Paris 2003.

S. Diederich, Römische Agrarhandbücher zwischen Fachwissenschaft, Literatur und Ideologie, Berlin/New York 2007.

H. Dohr, Die italischen Gutshöfe nach den Schriften Catos und Varros, Diss. Köln 1965.

H.-J. Drexhage u. a., Die Wirtschaft des Römischen Reiches (1.–3. Jahrhundert). Eine Einführung, Berlin 2002.

A. Ferdière, Les campagnes en Gaule romaine, 2 Bde., Paris 1988.

D. Flach, Römische Agrargeschichte, Handbuch der Altertumswissenschaft 3,9, München 1990.

D. Flach (Hrsg.), Marcus Porcius Cato. Über den Ackerbau, Stuttgart 2005.

B. Frenzel, Die Landwirtschaft im eisenzeitlich-römerzeitlichen Mitteleuropa, Humanistische Bildung 17, 1994, 125–186.

H. Gummerus, Der römische Gutsbetrieb als wirtschaftlicher Organismus nach den Werken des Cato, Varro und Columella, Klio Beih. 5, Leipzig 1906 (ND Aalen 1979).

J. Haas, Die Umweltkrise des 3. Jahrhunderts n. Chr. im Nordwesten des Imperium Romanum. Interdisziplinäre Studien zu einem Aspekt der allgemeinen Reichskrise im Bereich der beiden Germaniae sowie der Belgica und der Raetia, Stuttgart 2006.

J.-B. Haversath, Die Agrarlandschaft im römischen Deutschland der Kaiserzeit (1.–4. Jh. n. Chr.), Passau 1984.

K.-P. Johne u. a., Die Kolonen in Italien und den westlichen Provinzen des römischen Reiches. Eine Untersuchung der literarischen, juristischen und epigraphischen Quellen vom 2. Jahrhundert v. u. Z. bis zu den Severern, Berlin (Ost) 1983.

K.-P. Johne (Hrsg.), Gesellschaft und Wirtschaft des Römischen Reiches im 3. Jahrhundert. Studien zu ausgewählten Problemen, Berlin 1993.

H.-P. Kuhnen – E. Riemer, Landwirtschaft der Römerzeit im Römischen Weinkeller Oberriexingen, Stuttgart 1994.

C. Lepelley (Hrsg.), Rom und das Reich in der Hohen Kaiserzeit (44 v. Chr.–260 n. Chr.), Bd. 2: Die Regionen des Reiches, München/Leipzig 2001 (frz.: Rome et l'intégration de l'Empire, t. 2: Approches régionales du Haut-Empire Romain. 44 av. J.-C.–260 ap. J.-C., Paris 1998).

H. Mielsch, Die römische Villa. Architektur und Lebensform, 2. Aufl., München 1997.

J. Molthagen, Die Durchführung der gracchischen Agrarreform, Historia 22, 1973, 423–458.

M. Nenninger, Die Römer und der Wald. Untersuchungen zum Umgang mit einem Naturraum am Beispiel der römischen Nordwestprovinzen, Stuttgart 2001.

M. Oehme, Die römische Villenwirtschaft. Untersuchungen zu den Agrarschriften Catos und Columellas und ihrer Darstellung bei Niebuhr und Mommsen, Bonn 1988.

Th. Pekáry, Die Wirtschaft der griechisch-römischen Antike, Wiesbaden 1979.

J. Percival, The Roman Villa. An Historical Introduction, London 1976.

F. Reutti (Hrsg.), Die römische Villa, Wege der Forschung 182, Darmstadt 1990.

J. J. Rossiter, Roman Farm Buildings in Italy, Oxford 1978.

W. Scheidel, Grundpacht und Lohnarbeit in der Landwirtschaft des römischen Italien, Frankfurt a. M. u. a. 1994.

O. Schönberger (Hrsg.), Marcus Porcius Cato. Vom Landbau, München 1980 (ND 2000).

C. Schucany, Solothurn und Olten – Zwei Kleinstädte und ihr Hinterland in römischer Zeit, Archäologie der Schweiz 23, H. 2, 1999, 88–95.

SPM V: Die Schweiz vom Paläolithikum bis zum Mittelalter, Bd. 5: Römische Zeit, hrsg. v. L. Flutsch u. a., Basel 2002.

M. S. Spurr, Arable Cultivation in Roman Italy, c. 200 B. C.–c. A. D. 100, London 1986.

Fr. Vittinghoff (Hrsg.), Handbuch der europäischen Wirtschafts- und Sozialgeschichte, Bd. 1: Europäische Wirtschafts- und Sozialgeschichte in der römischen Kaiserzeit, Stuttgart 1990.

K. D. White, Roman Farming, London 1970.

V. Winiwarter, Böden in Agrargesellschaften: Wahrnehmung, Behandlung und Theorie von Cato bis Palladius, in: Natur-Bilder. Wahrnehmung von Natur und Umwelt in der Geschichte, hrsg. v. R. P. Sieferle u. H. Breuninger, Frankfurt/New York 1999, 181–221.

14. Bewaldung und Holzbau

J.-Cl. Béal (Hrsg.), L'arbre et la forêt, le bois dans l'Antiquité, Paris 1995.

H. Brückner, Man's Impact on the Evolution of the Physical Environment in the Mediterranean Region in Historical Times, GeoJournal 13, 1986, Nr. 1, 7–17.

J. D. Hughes, How the Ancients Viewed Deforestation, Journal of Field Archaeology 10, 1983, 437–443.

Sh. Judson, Erosion Rates Near Rome, Italy, Science 160, 1968, 1444–1446.

B. Kramer, Arborikultur und Holzwirtschaft im griechischen, römischen und byzantinischen Ägypten, Archiv für Papyrusforschung 41, 1995, 217–231.

Hj. Küster, The economic use of Abies wood as timber in central Europe during Roman times, Vegetation History and Archaeobotany 3, 1994, 25–32.

H.-P. Kuhnen (Hrsg.), Gestürmt – Geräumt – Vergessen?, Der Limesfall und das Ende der Römerherrschaft in Südwestdeutschland, Stuttgart 1992.

J. R. McNeill, The Mountains of the Mediterranean World. An Environmental History, Cambridge 1992, 72–84.

R. Meiggs, Trees and Timber in the Ancient Mediterranean World, Oxford 1982.

M. Nenninger, Die Römer und der Wald. Untersuchungen zum Umgang mit einem Naturraum am Beispiel der römischen Nordwestprovinzen, Stuttgart 2001.

G. Petrone, Locus amoenus/locus horridus: due modi di pensare il bosco, Aufidus 5, 1988, 3–18.

J. V. Thirgood, Man and the Mediterranean forest. A history of resource depletion, London u. a. 1981.

R. B. Ulrich, Roman Woodworking, New Haven/London 2007.

B. Wagner-Hasel, Entwaldung in der Antike? Der Mythos vom Goldenen Zeitalter, Journal für Geschichte 4, 1988, 13–23.

15. Gärten

B. Andreae, «Am Birnbaum». Gärten und Parks im antiken Rom, in den Vesuvstädten und in Ostia, Mainz a. Rh. 1996.

A. Bonnechere – O. De Bruyn, L'art et l'âme des jardins. De l'Egypte pharaonique à l'époque contemporaine. Une histoire culturelle de la nature dessinée par l'homme, Anvers 1998.

A. Ciarallo, Orti e Giardini della antica Pompei, Neapel 1992 (engl.: Gardens of Pompeii, Rom 2000).

M. Cima – E. La Rocca (Hrsg.), Horti Romani. Atti del Convegno Internazionale. Roma, 4–6 maggio 1995, Rom 1998.

L. Farrar, Gardens of Italy and the Western Provinces of the Roman Empire. From the 4th century BC to the 4th century AD, Oxford 1996.

L. Farrar, Ancient Roman Gardens, Stroud 1998 (ND 2001).

M. Frass, Antike römische Gärten. Soziale und wirtschaftliche Funktionen der Horti Romani, Grazer Beiträge Suppl. 10, Horn/Wien 2006.

A. Gieré, Hippodromus und Xystus. Untersuchungen zu römischen Gartenformen, Diss. Zürich 1986.

P. Grimal, Les jardins romains, 2. Aufl., Paris 1969.

J. Henderson, The Roman Book of Gardening, London/New York 2004.

W. Hondelmann, Die Kulturpflanzen der griechisch-römischen Welt. Pflanzliche Ressourcen der Antike, Berlin/Stuttgart 2002.

W. F. Jashemski, The Caupona of Euxinus at Pompeii, Archaeology 20, 1967, 37–44.

W. F. Jashemski, The Gardens of Pompeii, Herculaneum and the Villas Destroyed by Vesuvius, New Rochelle 1979.

W. F. Jashemski, The Contribution of Archaeology to the Study of Ancient Roman Gardens, in: Garden History. Issues, Approaches, Methods, hrsg.

v. J.D. Hunt, Dumbarton Oaks Colloquium on the History of Landscape Architecture 13, Washington, D.C. 1992, 5–30.

W.F. Jashemski, Antike römische Gärten in Campanien, in: Der Garten von der Antike bis zum Mittelalter, hrsg. v. M. Carroll-Spillecke, 3. Aufl., Mainz a. Rh. 1998, 177–212.

K. Schneider, Villa und Natur. Eine Studie zur römischen Oberschichtkultur im letzten vor- und ersten nachchristlichen Jahrhundert, München 1995.

16. Tiere

U. Dierauer, Tier und Mensch im Denken der Antike. Studien zur Tierpsychologie, Anthropologie und Ethik, Amsterdam 1977.

P. Dinzelbacher (Hrsg.), Mensch und Tier in der Geschichte Europas, Stuttgart 2000.

R. French, Ancient Natural History. Histories of nature, London/New York 1994 (ND 2004).

U. Gehrig (Hrsg.), Tierbilder aus vier Jahrtausenden. Antiken der Sammlung Mildenberg, Mainz a. Rh. 1983.

G.V. Gentili, La villa Romana di Piazza Armerina Palazzo Erculio, 3 Bde., Osimo 1999.

I. S. Gilhus, Animals, Gods and Humans. Changing Attitudes to Animals in Greek, Roman and Early Christian Ideas, London/New York 2006.

A. Hyland, Equus: The Horse in the Roman World, New Haven/London 1990.

L. Kalof (Hrsg.), A Cultural History of Animals, Bd. 1: A Cultural History of Animals in Antiquity, Oxford/New York 2007.

G. Lorenz, Tiere im Leben der alten Kulturen. Schriftlose Kulturen, Alter Orient, Ägypten, Griechenland und Rom, Wien u. a. 2000.

H. Mielsch, Griechische Tiergeschichten in der antiken Kunst, Mainz a. Rh. 2005.

J. Peters, Nutztiere in den westlichen Rhein-Donau-Provinzen während der römischen Kaiserzeit, in: Ländliche Besiedlung und Landschaft in den Rhein-Donau-Provinzen des Römischen Reiches, Bd. 2., hrsg. v. H. Bender u. H. Wolff, Espelkamp 1994, 37–63.

J. Peters, Römische Tierhaltung und Tierzucht. Eine Synthese aus archäozoologischer Untersuchung und schriftlich-bildlicher Überlieferung, Rahden/Westf. 1998.

J. Prieur, Les animaux sacrés dans l'antiquité. Art et religion du monde méditerranéen, Ouest-France 1988.

R. Sorabji, Animal Minds and Human Morals. The Origins of the Western Debate, London 1993 (Ithaca, N.Y. 1995).

J. M. C. Toynbee, Tierwelt der Antike. Bestiarium romanum, Mainz a. Rh. 1983 (engl.: Animals in Roman life and art, London 1973).

A. Wieczorek – M. Tellenbach (Hrsg.), Pferdestärken. Das Pferd bewegt die Menschheit, Mainz a. Rh. 2007.

17. Ernährung

J. André, Essen und Trinken im alten Rom, Stuttgart 1998 (frz.: L'alimentation et la cuisine à Rome, 2. Aufl., Paris 1981).

J. Carcopino, Rom. Leben und Kultur in der Kaiserzeit, 4. Aufl., Stuttgart 1992 (frz.: La vie quotidienne à Rome à l'apogée de l'empire, Paris 1939).

R. I. Curtis, Garum and salsamenta. Production and commerce in materia medica, Leiden 1991.

K. M. D. Dunbabin, The Roman Banquet. Images of Conviviality, Cambridge 2003.

J. K. Evans, Plebs Rustica. The Peasantry of Classical Italy, American Journal of Ancient History 5, 1980, 19–47. 134–173.

U. Fellmeth, Brot und Politik. Ernährung, Tafelluxus und Hunger im antiken Rom, Stuttgart/Weimar 2001.

J.-L. Flandrin – M. Montanari (Hrsg.), Histoire de l'alimentation, Paris 1996.

P. Garnsey, Food and Society in Classical Antiquity, Cambridge 1999.

P. Garnsey – R. Saller, The Roman Empire. Economy, Society and Culture, London 1987.

G. Gerlach, Zu Tisch bei den alten Römern. Eine Kulturgeschichte des Essens und Trinkens, Darmstadt 2001.

M. Grant, Galen on Food and Diet, London/New York 2000.

Ch. Holliger, Culinaria Romana. So assen und tranken die Römer, Brugg 1996.

M. Junkelmann, Panis militaris. Die Ernährung des römischen Soldaten oder der Grundstoff der Macht, 2. Aufl., Mainz a. Rh. 1997.

T. Kleberg, In den Wirtshäusern und Weinstuben des antiken Rom, 2. Aufl., Berlin 1966 (frz.: Hôtels, restaurants et cabarets dans l'antiquité romaine, Uppsala 1957).

D. J. Mattingly – G. S. Aldrete, The Feeding of Imperial Rome: The Mechanics of the Food Supply System, in: Ancient Rome: The Archaeology of the Eternal City, hrsg. v. J. Coulston u. H. Dodge, Oxford 2000, 142–165.

O. Murray (Hrsg.), Sympotica. A Symposium on the Symposion, Oxford 1990.
M. Prell, Armut im antiken Rom. Sozialökonomische Untersuchungen zur Armut im antiken Rom. Von den Gracchen bis zu Kaiser Diokletian, Stuttgart 1997.
G. Race, La cucina del mondo classico, Neapel 1999.
D. Sahrhage, Die Schätze Neptuns. Eine Kulturgeschichte der Fischerei im Römischen Reich, Frankfurt a. M. 2002.
P. Scarpi, Il senso del cibo: mondo antico e riflessioni contemporanei, Palermo 2005.
H. Schareika, Weizenbrei und Pfauenzunge. Die alten Römer bitten zu Tisch, Darmstadt 2007.
E. Stein-Hölkeskamp, Das römische Gastmahl. Eine Kulturgeschichte, München 2005.
G. E. Thüry, Ernährung in der römischen Antike. Der Stand des Wissens und die «kulinarische Rekonstruktion», Gymnasium 111, 2004, 25–42.
J. von Ungern-Sternberg, Die politische und soziale Bedeutung der spätrepublikanischen leges frumentariae, in: Nourrir la plèbe, hrsg. v. A. Giovannini, Basel/Kassel 1991, 19–41 (= ders., Römische Studien, München/Leipzig 2006, 287–305).
J. Wilkins – D. Harvey – M. Dobson (Hrsg.), Food in Antiquity, Exeter 1995 (ND 1999).

18. Feuer und Wasser

G. S. Aldrete, Floods of the Tiber in Ancient Rome, Baltimore 2007.
I. Becher, Tiberüberschwemmungen. Die Interpretation von Prodigien in Augusteischer Zeit, Klio 67, 1985, 471–479.
J. Bonnin, L'eau dans l'antiquité. L'hydraulique avant notre ère, Paris 1984.
Ch. Bruun, The Water Supply of Ancient Rome. A Study of Roman Imperial Administration, Commentationes Humanarum Litterarum 93, Helsinki 1991.
W. Dietrich, Wasser für das antike Rom, Berlin (Ost) 1986.
H. Dodge, ‹Greater than the Pyramids›: the Water Supply of Ancient Rome, in: Ancient Rome: The Archaeology of the Eternal City, hrsg. v. J. Coulston u. H. Dodge, Oxford 2000, 166–209.
G. A. Drasch, Lead burden in prehistorical, historical and modern human bones, The Science of Total Environment 24, 1982, 199–231.

H. Eschebach, Die Gebrauchswasserversorgung des antiken Pompeji, Antike Welt 10, H. 2, 1979, 3–24.

H. B. Evans, Agrippa's Water Plan, American Journal of Archaeology 86, 1982, 401–411.

Frontinus-Gesellschaft e. V. (Hrsg.), Die Wasserversorgung antiker Städte. Geschichte der Wasserversorgung, Bd. 1: Wasserversorgung im antiken Rom, 4. Aufl., Mainz a. Rh. 1989.

Frontinus-Gesellschaft e. V. (Hrsg.), Die Wasserversorgung antiker Städte. Geschichte der Wasserversorgung, Bd. 2: Pergamon, 2. Aufl., Mainz a. Rh. 1991.

Frontinus-Gesellschaft e. V. (Hrsg.), Die Wasserversorgung antiker Städte. Geschichte der Wasserversorgung, Bd. 3: Mensch und Wasser, 2. Aufl., Mainz a. Rh. 1994.

G. Garbrecht, Die antiken Wasserleitungen Roms, Antike Welt 15, H. 2, 1984, 2–13.

K. Geißler, Die öffentliche Wasserversorgung im römischen Recht, Freiburger Rechtsgeschichtliche Abhandlungen N. F. 29, Berlin 1998.

Geschichte der Wasserwirtschaft und des Wasserbaus im mediterranen Raum, Mitteilungen des Leichtweiss-Instituts für Wasserbau der Technischen Universität Braunschweig 117, 1992.

N. de Haan – G. C. M. Jansen (Hrsg.), Cura aquarum in Campania, Bulletin Antieke Beschaving Suppl. 4, Leiden 1996.

H. Hüster-Plogmann (Hrsg.), Fisch und Fischer aus zwei Jahrtausenden. Eine fischereiwirtschaftliche Zeitreise durch die Nordwestschweiz, Augst 2006.

G. C. M. Jansen (Hrsg.), Cura aquarum in Sicilia, Bulletin Antieke Beschaving Suppl. 6, 2000, Leiden 2001.

G. de Kleijn, The Water Supply of Ancient Rome. City Area, Water, and Population, Amsterdam 2001.

F. Kolb, Rom. Die Geschichte der Stadt in der Antike, München 1995, 539–550.

J. Le Gall, Le Tibre. Fleuve de Rome dans l'Antiquité, Diss. Paris 1952.

A. Malissard, Les Romains et l'eau. Fontaines, salles de bain, thermes, égouts, aqueducs ..., Paris 1994.

J. O. Nriagu, Lead and lead poisoning in antiquity, New York u. a. 1983.

M. Peachin, Frontinus and the curae of the curator aquarum, Stuttgart 2004.

O. Robinson, The water supply of Rome, Studia et documenta historiae et iuris 46, 1980, 44–86.

O. F. Robinson, Ancient Rome. City planning and administration, London/New York 1992.

N. Schnitter, Römische Talsperren, Antike Welt 9, H. 2, 1978, 25–32.
N. J. Schnitter, A History of Dams. The useful pyramids, Rotterdam/Brookfield 1994.
A. Scobie, Slums, Sanitation and Morality in the Roman World, Klio 68, 1986, 399–433.
R. Thomas – A. Wilson, Water supply for Roman farms in Latium and Southern Etruria, Papers of the British School at Rome 62, 1994, 139–196.
G. E. Thüry, Müll und Marmorsäulen. Siedlungshygiene in der römischen Antike, Mainz a. Rh. 2001.
R. Tölle-Kastenbein, Antike Wasserkultur, München 1990.
K.-W. Weeber, Smog über Attika. Umweltverhalten im Altertum, Zürich/München 1990, 169–190.
D. Werner, Rom, die wasserreichste Stadt des Altertums. Bemerkungen aus bautechnischer Sicht, Das Altertum 32, 1986, 36–42.
D. Werner, Wasser für das antike Rom, Berlin (Ost) 1986.
Ö. Wikander (Hrsg.), Handbook of Ancient Water Technology, Leiden 2000.
G. Wiplinger (Hrsg.), Cura aquarum in Ephesus, Bulletin Antieke Beschaving Suppl. 12, 2 Bde., Leiden 2006.

19. Erdbeben und Vulkane

C. Albore Livadie (Hrsg.), Tremblements de terre, éruptions volcaniques et vie des hommes dans la Campanie antique, Neapel 1986.
D. Bonz-Ammon u. a., Studienfahrt an den Golf von Neapel. Vesuv, Pompeji, Herculaneum, Basel 1994.
A. E. Cooley – M. G. L. Cooley, Pompeii. A sourcebook, London/New York 2004 (ND 2007).
U. Eigler, Der Vesuv von 79 bis 1979 – Nachleben in Literatur, Malerei und Film von Plinius bis Wolfgang Held, Dialog Schule–Wissenschaft, Klassische Sprachen und Literaturen 39, München 2005, 71–96.
R. Etienne, Pompeji. Das Leben in einer antiken Stadt, 5. Aufl., Stuttgart 1998 (frz.: La vie quotidienne à Pompéi, Paris 1966).
L. Franchi dell'Orto (Hrsg.), Ercolano 1738–1988. 250 anni di ricercha archeologica, Rom 1993.
E. Guidoboni, Catalogue of ancient earthquakes in the Mediterranean area up to the 10th century, Rom 1994.
P. G. Guzzo – A. Wieczorek (Hrsg.), Pompeji. Die Stunden des Untergangs. 24. August 79 n. Chr., Ausst.-Kat. Mannheim, Darmstadt 2004.

N. F. Jones, Pliny the Younger's Vesuvius Letters (6.16 and 6.20), Classical World 95, 2001, 31–48.
M. Krafft, Vulkane, Feuer der Erde. Die Geschichte der Vulkanologie, Ravensburg 1993 (frz.: Les feux de la terre. Histoire des volcans, Paris 1991 [ND 2003]).
A. Nazzaro, Il Vesuvio. Storia eruttiva e teorie vulcanologiche, Neapel 1997.
E. Preusse, Ein Wort zur Vesuvgestalt und Vesuvtätigkeit im Altertum, Klio 27, 1934, 295–310.
E. Renna, Vesuvius Mons. Aspetti del Vesuvio nel mondo antico. Tra filologia archeologia vulcanologia, Neapel 1992.
R. Santacroce (Hrsg.), Somma – Vesuvius, Rom 1987.
R. Scandone u. a., Mount Vesuvius: 2000 years of volcanological observations, Journal of Volcanology and Geothermal Research 58, 1993, 5–25.
H. Sigurdsson u. a., The Eruption of Vesuvius in A. D. 79, National Geographic Research 1,3, 1985, 332–387.
H. Sigurdsson, Melting Earth. The History of Ideas on Volcanic Eruptions, Oxford 1999.
H. Sonnabend, Naturkatastrophen in der Antike. Wahrnehmung – Deutung – Management, Stuttgart/Weimar 1999.
G. Waldherr, Erdbeben. Das außergewöhnliche Normale. Zur Rezeption seismischer Aktivitäten in literarischen Quellen vom 4. Jahrhundert v. Chr. bis zum 4. Jahrhundert n. Chr., Stuttgart 1997.
G. H. Waldherr – A. Smolka (Hrsg.), Antike Erdbeben im alpinen und zirkumalpinen Raum/Earthquakes in Antiquity in the Alpine and Circumalpine Region, Stuttgart 2007.

20. Bergbau

O. Davies, Roman mines in Europe, Oxford 1935 (ND New York 1979).
C. Domergue, Les mines de la Péninsule ibérique dans l'Antiquité romaine, Rom 1990.
J. F. Healy, Mining and Metallurgy in the Greek and Roman World, London 1978.
S. Hong u. a., Greenland Ice Evidence of Hemispheric Lead Pollution Two Millennia Ago by Greek and Roman Civilizations, Science 265, 1994, 1841–1843.
S. Hong u. a., History of Ancient Copper Smelting Pollution During Roman and Medieval Times Recorded in Greenland Ice, Science 272, 1996, 246–249.

G. D. B. Jones, The Roman Mines at Riotinto, Journal of Roman Studies 70, 1980, 146–165.

R. F. J. Jones – D. G. Bird, Roman Gold-Mining in North-West Spain, II: Workings on the Rio Duerna, Journal of Roman Studies 62, 1972, 59–74.

P. R. Lewis – G. D. B. Jones, Roman Gold-Mining in North-West Spain, Journal of Roman Studies 60, 1970, 169–185.

A. Martínez-Cortizas u. a., Mercury in a Spanish Peat Bog: Archive of Climate Change and Atmospheric Metal Deposition, Science 284, 1999, 939–942.

S. W. Meier, Blei in der Antike. Bergbau, Verhüttung, Fernhandel, Diss. Zürich 1995.

J. Ramin, La technique minière et métallurgique des Anciens, Bruxelles 1977.

I. Renberg u. a., Pre-industrial atmospheric lead contamination detected in Swedish lake sediments, Nature 368, 1994, 323–326.

P. Rosumek, Technischer Fortschritt und Rationalisierung im antiken Bergbau, Bonn 1982.

H. Schneider, Einführung in die antike Technikgeschichte, Darmstadt 1992, 71–95.

R. Shepherd, Ancient Mining, London/New York 1993.

L. Suhling, Aufschließen, Gewinnen und Fördern. Geschichte des Bergbaus, Reinbek bei Hamburg 1983, 49–67.

R. F. Tylecote, A History of Metallurgy, 2. Aufl., London 1992.

Th. A. Wertime, The Furnace versus the Goat: the Pyrotechnologic Industries and Mediterranean Deforestation in Antiquity, Journal of Field Archaeology 10, No. 4, 1983, 445–452.

21. Probleme der Großstadt und ländlicher Villenbau

P. Ballet u. a. (Hrsg.), La ville et ses déchets dans le monde romain: rebuts et recyclages, Montagnac 2003.

E. Brödner, Wohnen in der Antike, Darmstadt 1989.

J. Carcopino, Rom. Leben und Kultur in der Kaiserzeit, 4. Aufl., Stuttgart 1992 (frz.: La vie quotidienne à Rome à l'apogée de l'empire, Paris 1939).

J. Coulston – H. Dodge (Hrsg.), Ancient Rome: The Archaeology of the Eternal City, Oxford 2000.

H. Dahlmann, Über den Lärm, Gymnasium 85, 1978, 206–227.

J. H. D'Arms, Romans on the Bay of Naples. A Social and Cultural Study of the Villas and Their Owners from 150 B. C. to A. D. 400, London 1970.

W. Eck, Verkehr und Verkehrsregeln in einer antiken Großstadt. Das Beispiel Rom, in: Stadtverkehr in der antiken Welt, hrsg. v. D. Mertens, Wiesbaden 2008, 59–69.

R. Förtsch, Archäologischer Kommentar zu den Villenbriefen des jüngeren Plinius, Mainz a. Rh. 1993.

W. Hoepfner (Hrsg.), Geschichte des Wohnens, Bd. 1: 5000 v.–500 n. Chr. Vorgeschichte, Frühgeschichte, Antike, Stuttgart 1999.

G. Hösel, Unser Abfall aller Zeiten. Eine Kulturgeschichte der Städtereinigung, 2. Aufl., München 1990.

V. M. Hope – E. Marshall (Hrsg.), Death and Disease in the Ancient City, London/New York 2000.

G. C. M. Jansen, Systems for the disposal of waste and excreta in Roman cities. The situation in Pompeii, Herculaneum and Ostia, in: Sordes urbis. La eliminación de residuos en la ciudad romana, hrsg. v. X. Dupré Raventós u. J.-A. Remolà, Rom 2000, 37–49.

F. Kolb, Rom. Die Geschichte der Stadt in der Antike, München 1995.

Ch. Kunst, Leben und Wohnen in der römischen Stadt, 2. Aufl., Darmstadt 2008.

W. Liebeschuetz, Rubbish disposal in Greek and Roman cities, in: Sordes urbis. La eliminación de residuos en la ciudad romana, hrsg. v. X. Dupré Raventós u. J.-A. Remolà, Rom 2000, 51–61.

J. W. Mayer, Imus ad villam. Studien zur Villeggiatur im stadtrömischen Suburbium in der späten Republik und frühen Kaiserzeit, Geographica Historica 20, Stuttgart 2005.

H. Mielsch, Die römische Villa. Architektur und Lebensform, 2. Aufl., München 1997.

R. Neudecker, Die Pracht der Latrine. Zum Wandel öffentlicher Bedürfnisanstalten in der kaiserzeitlichen Stadt, München 1994.

S. Panciera, Nettezza urbana a Roma. Organizzazione e responsabili, in: Sordes urbis. La eliminación de residuos en la ciudad romana, hrsg. v. X. Dupré Raventós u. J.-A. Remolà, Rom 2000, 95–105.

J. Percival, The Roman Villa. An Historical Introduction, London 1976.

F. Reutti (Hrsg.), Die römische Villa, Wege der Forschung 182, Darmstadt 1990.

O. F. Robinson, Ancient Rome. City planning and administration, London/New York 1992.

K. Schneider, Villa und Natur. Eine Studie zur römischen Oberschichtskultur im letzten vor- und ersten nachchristlichen Jahrhundert, München 1995.

H. Sonnabend, Stadtverkehr im antiken Rom. Probleme und Lösungsversuche, Die alte Stadt 19, 1992, 183–194.

G. E. Thüry, Müll und Marmorsäulen. Siedlungshygiene in der römischen Antike, Mainz a. Rh. 2001.

G. E. Thüry, Müll und die römische Stadt, in: Müll. Facetten von der Steinzeit bis zum Gelben Sack, hrsg. v. M. Fansa u. S. Wolfram, Mainz a. Rh. 2003, 67–74.

K.-W. Weeber, Alltag im Alten Rom. Das Leben in der Stadt. Ein Lexikon, 6. Aufl., Düsseldorf 1997.

Nachwort zur Umweltforschung

R. P. Sieferle, Perspektiven einer historischen Umweltforschung, in: Fortschritte der Naturzerstörung, hrsg. v. R. P. Sieferle, Frankfurt a. M. 1988, 307–376.

R. P. Sieferle, Rückblick auf die Natur. Eine Geschichte des Menschen und seiner Umwelt, München 1997.

R. P. Sieferle, Nachhaltigkeit aus umwelthistorischer Perspektive, in: Nachhaltigkeitsforschung – Perspektiven der Sozial- und Geisteswissenschaften, hrsg. v. R. Kaufmann u. a., Bern 2007, 79–97.

V. Winiwarter, Umwelt-en. Begrifflichkeit und Problembewusstsein, in: Umweltbewältigung. Die historische Perspektive, hrsg. v. G. Jaritz u. V. Winiwarter, Bielefeld 1994, 130–159.

Abbildungsverzeichnis

Abb. 1: Typen des Großreliefs im Mittelmeerraum. Aus: K. Rother, Der Mittelmeerraum, Stuttgart 1993, 46.

Abb. 2: Verlandetes Hafenbecken von Leptis Magna (Libyen). Foto L. Thommen.

Abb. 3: Farm des Timesios (Prinzessinnen-Turm) im Agriliza-Tal, Attika. Foto L. Thommen.

Abb. 4: Olivenbäume und Bewaldung bei Sparta (Akropolis), Blick auf das Taygetos-Massiv mit Koniferenbewuchs bis 1700 m. ü. M. Foto L. Thommen.

Abb. 5: Blick von der Athener Akropolis über den Felsen des Areopags und die Agora zum Aigaleos-Gebirge. Foto L. Thommen.

Abb. 6: Blick von der Athener Akropolis über das Olympieion zum Hymettos-Gebirge. Foto L. Thommen.

Abb. 7: Kerameikos-Friedhof in Athen. Foto L. Thommen.

Abb. 8: Antikes Bergbaugebiet im Souriza-Tal, Laureion/Attika. Foto L. Thommen.

Abb. 9: Antike Zisterne und Erzwaschanlage im Souriza-Tal, Laureion/Attika. Foto L. Thommen.

Abb. 10: Antike Erzwaschanlage in Thorikos, Attika. Foto L. Thommen.

Abb. 11: Das römische Germanien: Ortschaften, Straßennetz, Rhein- und Limesgrenze. Aus: Metzler Lexikon Antike, 2., überarbeitete und erweiterte Auflage Stuttgart/Weimar 2006, 702, © 2006 J. B. Metzlersche Verlagsbuchhandlung und Carl Ernst Poeschel Verlag GmbH in Stuttgart.

Abb. 12: Rekonstruktionszeichnung einer Villa rustica in Südwestdeutschland. Aus: Germania Romana III, Gymnasium Beih. 7, Heidelberg 1970, 101, © Römerkastell Saalburg.

Abb. 13: Veränderung der bewaldeten Talauen durch die römische Besiedlung in Südwestdeutschland (vorrömische Zeit, römische Zeit, Völkerwanderungszeit). Aus: H.-P. Kuhnen (Hrsg.), Gestürmt – Geräumt – Vergessen?, Der Limesfall und das Ende der Römerherrschaft in Südwestdeutschland, Stuttgart 1992, 80 f., © Landesmuseum Württemberg.

Abb. 14: Haus und Garten des Loreius Tiburtinus in Pompeji. Aus: A. G. McKay, Römische Häuser, Villen und Paläste, Luzern/Feldmeilen 1984, 38, © Fototeca dell' Unione, Rom.

Abb. 15: Haus und Garten des Loreius Tiburtinus in Pompeji. Foto L. Thommen.

Abb. 16: Taberne im Thermopolium der Via di Diana in Ostia. Foto L. Thommen.

Abb. 17: Thermopolium der Via di Diana in Ostia. Foto L. Thommen.

Abb. 18: Die Fernwasserleitungen Roms. Aus: Wasserversorgung im antiken Rom, Frontinus-Gesellschaft e.V. (Hrsg.), 4. Aufl., Mainz a.Rh. 1989, © Günther Garbrecht, Braunschweig.

Abb. 19: Herodianisch-römische Wasserleitung von Caesarea (Israel). Foto L. Thommen.

Abb. 20: Der Golf von Neapel mit den Vesuvstädten. Aus: H. Sonnabend, Naturkatastrophen in der Antike. Wahrnehmung – Deutung – Management, Stuttgart/Weimar 1999, 13.

Abb. 21: Antiker Steinbruch von Chemtou mit Giallo Antico-Marmor (Tunesien). Foto L. Thommen.

Abb. 22: Stadtplan von Rom um 300 n.Chr. Aus: Lexikon der Alten Welt, Zürich/München 1965, 2661.

Abb. 23: Modell des antiken Rom von I. Gismondi, Museo della Civiltà Romana (Rom). Blick von Norden über die Subura. Foto Archäologisches Seminar der Universität Basel.

Register

Aus dem Verlagsprogramm